进化

中国互联网生存法则
生存法则

方浩 著

Evolution The Survival Principles of
Chinese Internet Industry

中信出版集团 | 北京

图书在版编目（CIP）数据

进化 / 方浩著 . -- 北京 : 中信出版社 , 2019.3
ISBN 978 - 7 - 5086 - 9734 - 5

Ⅰ . ①进… Ⅱ . ①方… Ⅲ . ①企业管理—研究—中国
Ⅳ . ① F279.23

中国版本图书馆 CIP 数据核字 (2018) 第 258106 号

进 化

著　　者：方浩
出版发行：中信出版集团股份有限公司
　　　　　（北京市朝阳区惠新东街甲 4 号富盛大厦 2 座　邮编　100029）
承 印 者：北京诚信伟业印刷有限公司

开　　本：880mm×1230mm　1/32　印　　张：8.5　字　　数：160 千字
版　　次：2019 年 3 月第 1 版　印　　次：2019 年 3 月第 1 次印刷
广告经营许可证：京朝工商广字第 8087 号
书　　号：ISBN 978 - 7 - 5086 - 9734 - 5
定　　价：58.00 元

不确定性越多，进化的机会就越大

徐小平

新东方联合创始人、真格基金创始人、知名天使投资人

多年前，方浩代表《创业家》杂志采访我，我们因此结识。后来他又成了《创业邦》杂志的主编，是我非常喜欢的一位主编。他写的一些脍炙人口的文章，比如《人民想念周鸿祎》，不仅影响很大，而且引发了行业内相关人士的深度思考，丰富了创业文化。

大概一年前，我想请方浩为真格基金写点什么。还特地邀请他跟我一起去美国参加了哈佛中国论坛。途中，他跟我说他正在写一本书。当我把这件事忘了的时候，他的书历经 12 个月的写作，终于出来了，名字叫《进化》。

我很喜欢"进化"这个词。一个人、一个创业者、一家公司要想获得持续成长，就必须不断进化。进化不是与过去一刀两断，也不是对未来无条件地服从。它是突破自我、完善自我的蜕变，是核心能力蜕变成成果的过程，是自己对自己的升级换代。

1995 年，我第一次回国创业，靠的是一位朋友借给我的启动资金。那时候，中国没有天使投资，更没有 VC（Venture Capitol，风险投资）。不到一年，我就弹尽粮绝了，最后只能关门大吉，再次回到北美。

我这次创业失败的原因很多，其中最重要的一个原因是：我自己正在

等待着从一位文艺青年进化成一位企业家。

在俞敏洪的邀请下，我和王强先后加入新东方——三驾马车由此形成，这也就是日后广为所知的"中国合伙人"。直至公司上市后，我便出来做天使投资。

在新东方，我完成了第一次回国没有完成的进化，并且从企业家向着投资人的方向开始了缓慢而坚定的新的进化。

纵观我个人的创业和投资经历，最重要的就是这两段"进化"历史。20 世纪 90 年代的创业环境，既没有资本的加持，也没有过来人的指导。我们就像在黑夜里穿行，一步一步走到黎明。这既是个人的"从 0 到 1"，也是中国创业者群体的"从 0 到 1"。

2006 年我开始做天使投资。当时的中国还没有"天使投资"这个概念，我也不认为自己在做着一个有多大意义的工作。但从那些渴望创业的青年人的眼中，我看到了自己的价值。

我一口气投资了近百个项目。当然，失败的多，成功的少。幸好以聚美优品为代表的新一代互联网公司赶上了中国最好的创业风口期，也让我得到了回报。

我从事天使投资的时代恰恰是中国创业者开始起飞的时代，而天使投资是创业者大量进场的前提。虽然在我前面已经有一些勇敢的先行者也在做着类似的工作，但人数和资金量比起如今，都少得可怜。某种意义上，我可以算是参与了中国天使投资从 0 到 1、再到 100 的过程。

当一个人的个人经历与某一个社会趋势双重叠加，而且这种叠加经历不止一次的时候，进化就发生了。而进化速度的加快，就是突变。

天使投资需要"钱生钱"，才能投入更多项目。要想让钱"生"更多钱，天使投资人需要有拥抱不确定性的勇气。回想我过去的 20 年，无论是在新东方创业，还是以真格基金的名义做天使投资，我对未来其实都是一片迷茫的，始终不知道前路有什么艰难险阻。但对于中国的信心，对于未来的乐观，对于自身追求的信念，以及俞敏洪、王强这些合伙人的相互扶持，支持着我不断追求，主动进化，走到了我们依然在砥砺前行的今天。

在新东方时期，我和俞敏洪、王强每天的工作就是与那些想出国留学的青年学子们在一起。我自己也没有想到，多年以后，当他们学成回国、欲大展宏图之时，我成了这个群体中可爱的"天使"。

过去他们在新东方学习时，我们向他们收了钱；现在他们来找我们融资，是我们给他们钱。收付双方进化到了当年的相反面。但不变的是，我们都是在为人生的梦想、民族的崛起，奉献自己的力量。

确实，从一介书生投笔从商、回国创业，过去 20 多年是我自己不断进化的历史，更是中国社会特别是创投环境不断进化而突变的伟大历史。有人说，经济形势充满了不确定性。但投资学的基本原理告诉我们：不确定性越多，机会就越大。

进化论原理告诉我们，适者生存。面对未来，我们在保持对中华崛起的绝对信心的同时，一定要学会审时度势，激流勇进，抓住机遇，应对挑战。中国依然是世界创业氛围最好、创业机会最多的国家。这些机会是否属于你，就看你能否不断主动进化自己，成为面对挑战时的强者。

世界大势，浩浩荡荡。方浩的新书与其说提供了一套方法论，不如说为创业者提供了一个重新审视自己的视角，即站在未来，看待过去。这个独特角度将为你拥抱未来提供一个更加确定的位置。

序　二

没有进化就没有未来

周鸿祎

知名天使投资人、360 集团董事长兼 CEO

　　方浩的新书《进化》出版之际，邀请我写一篇序言。关于中国互联网的进化历程，这本书比较系统地做了一次梳理。

　　过去一年，大家都在谈互联网下半场，或者叫产业互联网，其实这也是进化的结果。单纯面向 to C（对客户）的流量争夺已经远远不能满足企业的成长了，中国互联网的竞争正在进入新的阶段，我对这个阶段的理解是：IMABCD。I 就是 IoT，就是物联网；M 是移动通信；A 是 AI；B 是 Blockchain，即区块链技术；C 是 Cloud；D 是 Big Data，即大数据。简单来说，就是用新一代的互联网技术去帮助传统行业，而不是颠覆。

　　奇虎 360 是一家互联网公司，也是一家技术驱动型的科技公司。从最早做杀毒软件开始，我们就在算法、大数据等领域不断地进行研发和积累，这保证了我们的安全技术应用场景从虚拟网络空间进化到现在的物理实体空间。从智能门锁到行车记录仪，再到面向各行各业的安全解决方案，作为一家安全公司，奇虎 360 对"安全"的内涵和外延不断拓宽、拓深。这当然就是进化。

　　我从 1998 年开始创业，算是中国第一代互联网创业者。过去 20 年，我见证了各种风口和泡沫，一路走来，可以说是心有余悸。创业者不知道自己会在哪个档口掉队，一步跨不过去，可能就会永无出头之日。

要保证一家公司始终在进化的轨道上，创业者首先要有进化的思维，不能给自己设限。我经常说，颠覆搜索的不会是第二个搜索框，颠覆微信的不会是第二个微信。创业者不能按照过去的眼光看待新机会、新趋势，否则就是画地为牢。

如果创业者自己看不清、看不准，就应该让年轻人大胆去看、大胆去试，这也是一家公司实现新陈代谢的最好途径。进化的根本动力，其实是组织的进化。

奇虎 360 回归 A 股之后，在高管层面有进有出，目的就是保证公司的创业激情和创新精神得到延续。一家公司的进化，一定是从人开始。最近半年，各大互联网公司相继做了组织架构调整，有的公司还不止一次做了调整，就是这个道理。

一家公司如此，一个江湖更是如此。中国互联网经过 20 多年的发展，已经是巨头林立，很多创业者担心还有没有机会。在我看来，没有任何一家公司是可以长治久安的，江湖代有才人出。

2017 年方浩写的《人民想念周鸿祎》，这里的"人民"其实是指广大创业者。他们想念的也不是我，而是那种能够给铁板一块的中国互联网带来变量的挑战者。巨头在进化，中国互联网的生态同样需要进化。一个生态、一个江湖也必须有进有出，才能持续、健康地发展。

没有进化就没有未来，《进化》一书通过对过去的总结和思考，对未来做了多个视角的展望，希望大家能从中获得新的营养。

引　言

　　我在多年前做记者、做主编时，一直想写一本书，希望自己能发现一个秘密、一种规律，然后告诉全世界。有些事就是这样，你越是强求，它就越会成为执念，直至不了了之。

　　三年前创业之初，我没想过自己会出书。那是内容创业的黄金年代，这个行当的手艺人第一次被资本眷顾，"接招"① 甚至在还没有想好名字的情况下就拿到了投资。

　　那也是一个创业初心逃离"地球引力"的年代。一个诞生不久的微信公众号可以轻易拿到一笔投资，然后按照风口的逻辑审视自己，笃信自己是下一个美团、下一个滴滴出行。拿到天使投资就想 Pre-A 轮（A 轮之前的投资）什么时候到位，拿到 Pre-A 轮投资就想 A 轮什么时候到位。手艺人手里的"键盘"变成了"算盘"。

　　"接招"的初心是再做一家知名创投媒体。原因很简单，很多媒体

---

① "接招"（itakethat）是一家创投新媒体，致力于深度采访新锐创业者和一线投资人。——编者注

都拿到了多轮投资，它们既是创业者心中的"明灯"，也是投资人眼中的"金蛋"。内容生意被彻底标准化了，仿佛只要借助资本的力量，谁都可以长成参天大树。

2016年，我迅速组建起一个团队，其中采编接近20人，方向就是报道新创公司。当时"双创"（大众创业、万众创新）已达高潮，资本又进入了一个活跃周期，再小的创业者都是媒体行业的主角。创业公司是创投媒体的流量来源，谁垄断了对创业者的报道，谁就卡住了身位。这导致很多媒体不再对读者负责，而只想讨资本的欢心。

到2016年年底，创投泡沫已经有破裂的迹象，很多早期投资机构开始向中后期布局。作为产业链上的关键一环，创投媒体接近泛滥，从事创业公司报道的记者比创业公司还多。

2017年春节之后，我开始反思自己选择的这条路。从表面上看是选错了风口，其实是选错了时机。过去10年，中国的创业大潮一波又一波，但真正称得上"底层风口"的只是2010—2012年这几年。不仅当下新兴的互联网巨头是在此期间创立的，就连当下主要的科技媒体、创投媒体都是在此期间甚至更早成立的。

那是一个资本挑选创业者的时期，一家创业公司融一笔钱，比今天IPO（首次公开募股）还难。而在2015年之后，中国互联网的发展到了创业者挑选资本的阶段，创业和投资的门槛双双降低，这就催生了一大批"伪风口"，当然也包括媒体。

2017年的整个春天，我都在思考"接招"接下来该怎么走。我并没有把自己当作一个内容创业者，而仅是一个创业者。创业的本质就是提供有市场需求的产品，而且这种需求必须是可持续的。报道创业公司的内容永远都有需求，但它会受制于所谓风口的大小、强弱，一旦风口过去，注意力就会跟着下降甚至消失。而媒体如果没有影响力，内容创业的意义又何在？

一家媒体公司（可能只有一个公众号）拿到投资之后会迅速招人，然后准备下一份PPT（演示文稿），去见下一批投资人，如此往复，变成了一家纯to VC模式的公司。to VC模式有错吗？对于那些没有天花板的真正的风口型公司来说，to VC模式就是锦上添花。

但对于媒体公司来说，无论"内容创业"再时髦、再性感，它的生意本质也没有变，这就是：生产好的内容—获得尽可能多的读者—产生广泛的影响力。媒体的成长和进化，始终遵循这条铁律。

而违背铁律的人，总是用从10到100这个阶段的打法，去走从0到1的路，希望像纯互联网公司那样速战速决。如果商业世界存在生物法则，那就是循序渐进的进化，而不是一飞冲天。

没有今日头条在算法上的尝试，就不会有后来的抖音（抖音App，后文简称抖音）；没有美团在团购领域的铺垫，就不会有后来的外卖；滴滴出行若不是一开始从出租车切入网约车市场，可能早就出局了。风光如TMD（今日头条、美团、滴滴出行），也是一级一级进化而来的。

从2017年4月开始，"接招"开始把内容的中心从早期创业公司转到大公司、领导者身上。作为一家科技媒体，我们首先要回答的问题是读者更喜欢看什么，即市场需求在哪里，而不是为了不停地融资去满足那些"伪需求"。融资应该是结果，而不是执念。

在接下来半年左右的时间里，"接招"仅在微信公众号就写出了多篇点击量超过 10 万次的文章，其中两篇接近 100 万次。放眼整个自媒体行业，这算不了什么，但如果放在科技媒体领域来看，大家都清楚超过 10 万次意味着什么。这是之前做创业公司报道从来没有过也不可能有的经历。

在内容方向调整之初，我就想，不能为了写大公司而写大公司，应该带着问题去写。什么问题呢？就是中国互联网今天的格局到底从何而来？又会演变成什么样子？

在这两个问题维度之下，我关注得比较多的问题就是：BAT（百度、阿里巴巴、腾讯）如何演变成 AT（阿里巴巴、腾讯）？TMD 又是如何在巨头的封锁中不断前进的？中国互联网江湖的阶层是否已经固化？机会又在哪里？

所有这些问题，其实都是在思考进化的问题。

进化意味着生机，意味着还有机会，意味着中国互联网不是铁板一块。更重要的是，进化意味着按规律办事。巨头如此，创业者也是如此。当然，内容创业更是如此。

创立一家公司、做一家媒体，不过是人生长河里的某个节点。如果说接招在创立之初没能按规律办事，那么从我个人的经历来看，其实每一步都算数。

我从 2005 年正式加入商业媒体。创业之前的十多年里一直都在做互联网公司，特别是创业公司的报道。当年美团、今日头条还是创业公司的时候，我就有幸开始关注和报道它们。所以每一步走得对与错，并不是绝对的。一个人的进化要比一个创业者的进化更重要。项目可以失败，人不能失败。当然，不失败并不等于成功。

输和赢只是相对的，中国互联网江湖的进化逻辑，也是如此。

方　浩

2019 年 2 月

Contents
目录

从上半场到下半场

一个人的正常成长逻辑是：青春期向外扩张，成熟期向内求索。而中国互联网公司的进化逻辑则恰恰相反：青春期苦练内功，成熟期法力无边。心理学上有一种说法：所有的中年危机，都源于青春期未被满足的缺憾。中国互联网公司未被满足的缺憾，只有一个：流量。

局

第一部分

第 **1** 章

从上半场到下半场：进化的战果

2019 年春节前我与一位创业者朋友聊起中国的移动互联网元年到底始于哪年。后来仔细一想，这个问题的题面比答案更有意思。

移动互联网之于 PC 互联网（个人电脑互联网）的区别是什么？除了用户从电脑端走向智能手机端，很重要的一点就是新平台、新巨头的形成，这是对中国互联网两个代际划分的重要参照物。

PC 互联网时代，中国诞生了 BAT，身后还有京东、网易等公司，这些巨头横跨两个时代，在移动互联网到来之后，依然屹立不倒。

一个时代有一个时代的巨头。关键是如何定义巨头。所谓巨头，一定是平台型公司，即同时为产品或服务的供需两端搭建桥梁，而不是单向地输出资源。同时，巨头的体量还要足够大，如果太小了，就会被别的巨头碾压，没有"护城河"的巨头不算巨头。

顺着上述角度，就可以看出，中国移动互联网的"原生巨头"应该具备以下特征：第一，其用户因智能手机而生；第二，商业模式具有双边效应；第三，自身体量足够大，是极快、极强的成长型企业。

关键是体量多大才算大？估值10亿美元？还是市值100亿美元？过去10年，BAT的市值基本呈现你追我赶的一种超级稳定的状态，即中国互联网公司的前三名始终没变，但第四顺位的公司却经常易主：奇虎360、网易、京东……都曾以挑战者的姿态出现，至少都曾从不同程度接近百度的市值。

第四顺位的公司有一个共性：市值至少为200亿美元，并且在突破这个门槛之后即使不再高速增长，也很难掉下去。这就是平台的稳定性。

再回过头来看，移动互联网时代，中国诞生了多少家市值或估值超过200亿美元的创业公司？其实就6家：今日头条、滴滴出行、美团、小米（小米公司）、拼多多、"快手"。

上述6家公司中，小米、美团成立于2010年，今日头条、"快手"成立于2011年，滴滴出行成立于2012年，拼多多成立于2015年。但实际上，小米和美团的团队早在2009年就开始筹备各自的新项目了，所以从严格意义上来说，这两家公司始于2009年，到今年正好10年。称2019年是中国移动互联网的十周年，一点儿也不为过。

风口的入口

在中国互联网 20 年的历史中，前 10 年诞生了 BAT 及众多挑战者，后 10 年则诞生了 TMD 和小米、拼多多、"快手"等六大金刚。这也是互联网上半场的最终战果。

关于六大金刚的崛起，可以找出很多原因，比如智能手机的普及、移动互联网的红利、用户习惯的迁移等，也就是所谓的风口。

再来看这 6 家公司的产品或业务，也很难找出什么共性。今日头条和"快手"属于内容分发，美团和拼多多属于商品分发，滴滴出行是服务分发（美团兼具商品分布和服务分发），小米则是另外一个"物种"。

如果把移动互联网的风口作为这 6 家公司崛起的原因，就太牵强附会了。毕竟，在过去 10 年，这个风口是所有巨头和创业者的风口。为什么有些巨头进化了，有些巨头退化了？为什么最终崛起的是这 6 家公司而不是别人？

自从雷军提出风口理论之后，这个理论其实一直被误解。它被简单地理解成：很多人在做共享单车的生意，那我也要做，因为这是风口；很多人在做共享充电宝的生意，那我也要做，因为这是风口；很多人在做社区团购的生意，那我也要做，因为这是风口……"媚俗"成了风口的代名词。

其实风口理论的本质就是雷军说的四个字：顺势而为。这个"势"，不是指整个行业都"人多势众"了你才进来，这不叫风口，这叫凑热闹。"势"一定是看不见、摸不着但又强大无比的。

今日头条、美团、滴滴出行、小米、拼多多、"快手"，属于这6家公司的风口到底是什么呢？智能手机的普及、移动互联网的到来当然是不可或缺的时代背景，但这些因素有点儿"法律面前人人平等"的意思，属于风口的标配。

任何一个巨头的崛起，都离不开两个必要条件：一个是社会基础设施的出现和完善，即时代风口；一个是用户触达模式的形成，即风口的入口。

以腾讯为例，它的崛起其实是大环境与小环境一起作用的结果。2000年前后，互联网已经成为一种新的技术基础设施，腾讯、阿里巴巴、百度都是在这个时间点成立的。但当时国内的互联网创业公司远不止BAT三家，为什么"跑"出来的屈指可数呢？

以腾讯为例。在很大程度上，是QQ（一款即时通信软件）成就了腾讯日后的"基因"和辉煌。QQ的诞生，离不开网吧在中国大街小巷的涌现，而网吧的出现，又离不开网游的普及。可以说，正是网吧和网游的适时出现，才让中国互联网在混沌初开之时迅速积累了种子用户，也让QQ找到了自己的用户根基。如果中国的互联网也像美国那样，要通过电脑走进千家万户之后再发展，可能就没腾讯什么机会了。

为什么是 TMD

对于一家公司的崛起来说，只有底层风口远远不够，还需要找到风口的"入口"。一家巨头的形成，就像修建一座金字塔，从最底层的地基就开始层层铺垫，各种必要条件缺一不可。顺势而为，就是社会大趋势与用户小趋势产生的化学反应，找对小趋势比找对大趋势更难。

再回到前面那个问题：今日头条、美团、滴滴出行、小米、"快手"、拼多多这6家公司有什么共性呢？从表面上看是估值（市值）都在200亿美元以上。其实这是结果，而不是原因。这6家"超级独角兽"的共性是，都押对了算法——这个移动互联网时代最大的"台风口"。

推荐算法是头条系崛起的撒手锏，当然也是友商快手的看家本领；基于LBS（定位服务）的算法匹配是美团和滴滴出行的核心技术壁垒；小米手机上虽然还未完全体现算法的魔力，但在小米电视、小爱同学身上初试牛刀后大获全胜了；如果说早期的拼多多是靠社交关系链实现的"弯道超车"，那么过去几年的指数级增长同样离不开算法。

算法是移动互联网风口最大的入口。为什么这么说呢？以今日头条、美团、滴滴出行为例，这3家公司是目前六大金刚中估值或市值最高的，TMD绝非浪得虚名。

TMD 成立时间有早晚，比如美团是在 2010 年，今日头条是在 2011 年，滴滴出行是在 2012 年。但 3 家公司发展最快的时期完全相同，即 2014—2016 年。这三年，既是 TMD 用户增速最快的时期，也是融资最频繁的时期。今日头条彻底甩开了传统新闻门户，成为内容分发的新平台；美团在外卖领域实现后来居上；滴滴出行则是整合完赛道，一家独大。

今日头条走的是推荐算法路线，即最大限度地把合适的内容匹配给合适的用户；美团和滴滴出行则是基于 LBS 的服务匹配，由于这种服务是动态的匹配，所以需要更为复杂的算法体系。

算法的一个核心特征是，用户数据越多，就越精准。反过来也是如此：算法越精准，用户体验越好。而算法好不好用，必须基于两个客观条件：一是手机硬件性能，功能机时代不可能出现算法"独角兽"；二是网络速度。

再从这两个角度看 2014—2016 年，就会发现 TMD 的算法路线遇上了两个叠加在一起的风口：一是中国智能手机彻底普及，算法的硬件基础完全确立；二是 4G 网络的崛起，2014 年中国 4G 手机的增速首次超过 3G 手机，到 2016 年，中国 4G 手机用户超过总手机用户的 50%，彻底超过 2G 和 3G 手机用户数量。4G 网络的普及带来的一个直接效果就是极大地加速了图片、视频、位置导航等高容载信息的处理效率。

今日头条作为一款 App 的崛起，除了文字，图片和短视频也扮演了重要的作用，这也是其后来推出短视频矩阵的重要铺垫；而美团和滴滴出行对于位置信息、履约双方的计算能力要求更高。没有手机硬件性能的大幅提高，以及网络宽带的改进，TMD 可能只是技术空想主义者。

所以说，互联网上半场的最后 6 个"小巨头"的诞生，绝不是偶然。它们不仅找对了风口，更找对了风口的入口，并在最关键的时间点建立了自己的"护城河"。所有的进化，都是天时、地利、人和。

这 6 家公司，借助互联网上半场积累的势能，也成了互联网下半场向巨头发起冲击的第一集团军。

第 **2** 章

互联网中年危机：大限已到？

日子都不好过。

2018 年年初以来，腾讯和百度的市值最高跌幅达 21%。这个百分比对于腾讯来说，意味着半年时间里市值蒸发了 1 400 亿美元；对于百度来说，这意味着它不仅没有突破千亿美元的市值，反而与目标渐行渐远。阿里巴巴的股票的最大跌幅也有 15%，微博的市值也缩水了近一半，网易、京东同样时运不佳。

很多人说这是由于大盘不好，脸书（Facebook）的市值也经历了断崖式暴跌。但苹果公司照样有超过万亿美元的市值，亚马逊的市值赶上苹果公司指日可待，微软的股价也在持续上涨。其实美国人民的日子过得一直很好，谁处于水深火热之中谁清楚。

如果以 3G 版 iPhone（一款苹果手机）发布为标志，移动互联网到 2018 年正好经历了 10 年；如果以 1998 年 BAT 先后成立为标志，中国互联网发展到 2018 年正好经历了 20 年。2008 年之前，是中国互联网发展的青春期；2008 年之后，是成熟期。

青春是冲动，是亮场，是塑造企业"性格"和"基因"的过程。中国的互联网公司在青春期靠的是单点突破、"一剑封喉"，大家都以"我做出了一个什么产品"为荣。

就算被贴上"连续失败者"的标签，王兴也被认为是一个不错的产品经理；周鸿祎四面树敌，但就凭其产品直觉，江湖始终有他的一席之地；即使盛大游戏、巨人游戏、九城游戏再凶猛，丁磊也会让人知道，网易做游戏是别开生面、自成一派的。那是中国互联网"有产品撑腰，脸上再多青春痘也不怕"的青春期。

而成熟就是家大业大。过去10年，以腾讯和阿里巴巴为代表的巨头公司，要么"招兵买马、歃血为盟"，要么认为"非我族类、其心必异"，不放过每一条赛道、每一个风口。结果，明明是互联网公司，却越来越像"炒房团"。

一个人的正常成长逻辑是：青春期向外扩张，成熟期向内求索。而中国互联网公司的进化逻辑则恰恰相反：青春期苦练内功，成熟期法力无边。巨头拼命做大树，小弟拼命认大哥，大家都在扩张；前者要面子，后者要里子。大公司什么都不缺，又什么都缺，已有的不敢扔，没有的不放过，是典型的"中年危机"。

心理学上有一种说法：所有的中年危机，都源于青春期未被满足的缺憾。中国互联网公司未被满足的缺憾，只有一个：流量。投资为流量，收购为流量，你死我活的零和博弈也都是为了流量。谁还关心创新？谁还关注产品？对于互联网巨头们来说，流量就像啤酒，喝下去是刺激，消化完是油腻。

可惜的是，到 2017 年年底，中国互联网用户已接近 8 亿。也就是说，除去老人和孩子，流量基本耗尽。这个时候，大小巨头们则不能再指望自己的股价往上走，市值节节高了。股票下跌也成了必然趋势。

从本质上来说，今日的局面与中国互联网的铁律有关：不断获取用户是王道。但问题是，获取用户和为用户服务是两码事儿。2018 年年初以来，市值缩水最严重的两家公司，分别是全球用户数最多的公司和中国用户数最多的公司。

而全球最先突破万亿美元市值的科技公司——苹果公司，其核心产品手机在中国的市场份额于 2016—2019 年下降了三分之一以上，在中国一线城市的市场份额甚至下滑了一半。

乔布斯走了，但苹果公司的"基因"没变：这是一家始终以服务于用户而非获取用户为宗旨的公司。手机面临挑战，还有 Apple Watch（苹果智能手表）和 AirPods（苹果无线耳机）负责"扫荡"。苹果公司的"护城河"在于对用户需求的深度挖掘，而不是把用户当流量。乔布斯不在了，苹果公司还能执行没有乔布斯的"乔布斯路线"，这就是苹果公司强大的地方。

2008 年，我采访了丁磊，当时正值 iPhone "一飞冲天"。我问他，是苹果公司变了，还是乔布斯变了。他说是苹果公司变了，而且是被迫变的，所以它才把乔布斯重新请回来。显然，苹果公司的这种变化是乔布斯离开之后发生的。在他回归之后，苹果公司又变回了那个以产品为王的公司。没变的，只有乔布斯。

乔布斯的中国学徒很多，有人从管理的角度向他学习，有人从产品的角度学，还有人站在科技与人文的十字路口学。但学来学去，仍是风口导向，什么热就做什么，什么抢手就投什么。

这一轮股价下跌，从表面上看是一次"群体性事件"，但更有可能是一次重新洗牌：有的人真的需要"去油腻"，有的人则可继续坚持自我。

前段时间吴晓波采访丁磊，问他为什么网易每年利润都很高，却没有像其他互联网巨头那样到处投资。丁磊说了两个字：不懂。不是不懂别人为什么投资，而是不懂风口、不懂赛道。"不懂的领域一律不碰。"丁磊说。

那靠着做邮箱、游戏起家的网易，懂电商、音乐、教育、猪肉吗？其实，懂乔布斯就够了。我一直认为，网易是中国互联网历史上的"一朵奇葩"：成立最早，穿越了所有泡沫和风口周期，依然在牌桌上占据重要位置。原因只有一个：丁磊的目标是为用户提供服务，而不是单纯地获取用户。

我们从来没听到苹果公司或网易高喊自己是消费升级的公司，甚至他们做的事情都不是风口，却都带动了原有产业的升级。苹果公司从 MP3（音乐播放器）到手机、手表、耳机，一路进行自我颠覆；网易除了邮箱，电商、教育、音乐等都是后来者，但是照样干得不错。

10 年前，丁磊在接受采访时说过：模式本身不重要，因为模式本身随时会变，关键是你对模式的掌控能力是不是比竞争对手强。网易什么都做与大多数公司什么都做的一个不同之处就是，模式始终是服务于同一个需求群体，这就是掌控能力，或者叫克制。

2018 年"中概股"① 的遭遇，与其说是二级市场帮着它们"去油腻"，不如说是重新唤醒各自的初心：用户再多，也不能忽略服务能力。互联网的下半场"战斗"是回归用户的"战斗"。股价和市值的短期涨幅并不可怕，可怕的是跳不出自己的"中年惯性"。

吴晓波曾在节目里问丁磊：当年做首富是什么感觉？丁磊说，当时就是怀疑这个社会的评价体系出了问题。那是 2003 年，丁磊 32 岁，此时华为已经创立 16 年，娃哈哈已经创立 12 年。

"任正非比我强，宗庆后比我强，为什么我是首富？"在今天看来，30 岁出头就遇上"中年危机"，也是好事一桩。

---

① 中概股，泛指在美国上市的中国公司。——编者注

第 3 章

互联网"战国时代"

历史书上说：资本主义国家中的各国的经济、政治力量发展不平衡会导致经济危机，经济危机又会激化国内外矛盾，所以爆发了第二次世界大战。

通俗地说，本来大家都是通过抢夺殖民地资源来支持国内发展的，但到最后，各国发现资源已被抢夺得所剩无几了，于是只能变成帝国主义之间的争夺。

2017 年，微信月度活跃用户数突破 10 亿。这是什么概念？中国有 14 亿人口，天天玩微信、月月用微信的，也就 10 亿人左右。这意味着"殖民地"基本被抢光了。

当然，用户不都是被腾讯抢光的。目前中国互联网的流量大户，主要是 BAT+ 京东 + 网易 + 微博 + "四小花旦"，"四小花旦"是小米 + 滴滴出行 + 新美大（大众点评网与美团战略合作后的名称）+ 今日头条。这 10 家公司基本占据了中国互联网产品"刚需"和"高频"两个最重要的市场维度。"帝国主义寡头"已然形成。

当用户增量市场越来越小的时候，各公司只能掉转枪口，向存量市场进攻。谁的地盘大，就抢夺谁的。中国互联网的"第一次世界大战"就是这么爆发的。

2010 年，周鸿祎为什么要单挑马化腾？因为那一年，中国基于 PC 互联网的网民数量在环比增幅上，第一次开始明显下降，这也就意味着，PC 互联网发展的人口红利正式进入衰退期。奇虎 360 很难再抢占 PC 端的增量市场，只能向最大的存量市场进攻——腾讯是最好的选择。当年腾讯体量大、口碑差，奇虎 360 怎么打都不会输。

事实也证明了这一点："3Q 大战"（奇虎 360 与腾讯 QQ 之间的竞争）结束不到一年，奇虎 360 就在美国上市了。日本在"一战"尾声趁火打劫，拿下了德国在远东最重要的基地和军港——青岛。这都是存量市场的二次交易。

据预测，2018 年中国移动互联网用户增速在 3.5% 左右，2019 年将降到不足 3%。而在 2013 年，这个数字是将近 15%。

地主家也没有余粮了，所以有人要"掀桌子"了。2017 年 5 月微信推出的"看一看""搜一搜"功能，都被解读为是针对今日头条和百度的，再加上此前的微信小程序，给人的印象是：腾讯要"挑事儿"。产生这个印象的原因很简单：腾讯是中国互联网的"大哥大"，出手必有回响。

互联网中"地主"与"地主"互相争斗，之前在中国互联网战场上并不少见，比如，淘宝打败 eBay（一个覆盖全球的线上拍卖及购物网站）、百度赢了谷歌，乃至奇虎360单挑腾讯，这些基本都是"双边战争"，不涉及第三方巨头。

但2018年的这一次有很大的不同，即巨头之间、巨头的"儿子"之间、巨头的盟友之间，存在着千丝万缕的关系。谁和谁都可能是敌人。

腾讯与今日头条

一个是"老大哥"，一个是"小新贵"，后退5年，谁也不会想到这两家公司会在同一个赛道上遇见。当微信越来越像基础设施，技术人员在上面增加任何功能都不奇怪了。让腾讯感到奇怪的是，为什么今日头条不愿意被收购，于是腾讯只能开始与今日头条竞争。所以腾讯自己做"天天快报"，投资"快手"（快手App），推出"微视"（腾讯微视）；而今日头条会做"抖音"（抖音App，后文简称"抖音"）、"西瓜"（西瓜视频）、"火山"（火山小视频）等，围攻"快手"，紧逼腾讯。

今日头条与百度

两家最初的"基因"都是技术流，只不过后来百度"基因变异"，有了"医药味"。无论怎么变，在信息分发这个赛道上，它们和腾讯同属第一梯队。但百度的问题在于，它的优势几乎全部来自 PC 时代的遗产。过去三年，李彦宏在焦虑，张一鸣在"卖萌"。

今日头条与微博

从投资人变成敌人，是一种什么样的人生体验？这得问张一鸣。微博很早就参与了今日头条的融资，而据最新的消息说，微博已经从今日头条退出了。几乎与此同时，今日头条宣布了自己的社交化战略，并且疯狂拉名人入驻。就像当年新浪博客、新浪微博一样。此外，2018 年今日头条在内容上最大的发力，就是短视频。无论是自己的 App（应用软件），还是内部孵化的项目，短视频都是重中之重。而微博则是秒拍（秒拍 App）的大股东，阿里巴巴是微博的大股东，优酷网、土豆网是阿里巴巴的"干儿子"……

新美大与阿里巴巴

王兴与张一鸣是老同事兼老乡，张一鸣经历过的"股东变敌人"的事情，王兴早就体验过了。阿里巴巴在 2011 年就投资了美团，一心想让美团按照 UC 浏览器（后文简称"UC"）、高德地图（后文简称"高德"）、优酷网的剧本前进，无奈王兴并不同意。所以阿里巴巴一手重整"口碑"（口碑 App）、一手控股"饿了么"（饿了么 App），几乎在 O2O（线上到线下）的每个细分领域直接开战。

新美大与滴滴出行

出行是 O2O 领域最具想象空间的事情，所以王兴要做网络约车并收购摩拜（摩拜单车，简称"摩拜"）。程维也知道，出行不只是汽车，所以改名叫"滴滴出行"。既然叫"滴滴出行"，那么投资 ofo（"小黄车"，共享单车出行平台）也就顺理成章，将来再做机票、酒店、民宿，就一点儿也不奇怪了。而这些，新美大都在做。

滴滴出行与百度

一对正在路上的冤家，它们的赛道叫"无人驾驶（人工智能）"。百度请来陆奇，滴滴出行融资 50 亿美元，所有的看点都在"无人驾驶"。当然，作为"开胃菜"，百度投资的糯米网和滴滴出行投资的"饿了么"，一直在较劲。

京东与阿里巴巴

这是两条路线的战争，路线之争历来关乎生死存亡。阿里巴巴的市值突破 3 000 亿美元，京东也闯过了 500 亿美元，目前是"马爸爸"领先。但与京东类似的美国亚马逊，其市值已经接近 5 000 亿美元。而淘宝"小时候"的模仿对象 eBay，现在的市值不到 400 亿美元。好戏还在后头。

淘宝与拼多多

从 2018 年 6 月到 8 月，阿里巴巴的市值缩水 1 000 亿美元；而拼多多正是在此期间上市的，市值一直稳定在 200 亿美元左右。对于阿里巴巴来说，拼多多首先针对的就是淘宝。所以，拼多多 200 亿美元的市值，几乎全是从阿里巴巴的 1 000 亿美元中"抢"来的。

网易与腾讯

不以体量计算，这两家公司其实是最像的：起家都是靠网络通信工具（即时通信和邮件），都是很早就找到了互联网的盈利模式（游戏），都有对股价起支撑作用的前瞻性业务（腾讯是微信、文娱，网易是严选、音乐、猪肉等）。当然，双方最直接的战场还是在游戏领域。游戏领域只会越来越集中、越来越垄断，小玩家的机会将越来越少，巨头之间的竞争会越来越直接。《王者荣耀》

和《阴阳师》还会有，但有可能是别人的。

腾讯和百度

PC 时代，腾讯也做过搜索（"搜搜"），但没做起来，只能先投资了搜狗，继而又投资了知乎，现在干脆在微信上自己做搜索。未来双方在人工智能的战场也必有一战。

……

稍微分析一下就可以看出，今日头条势头最猛，敌人也最多；百度和美团一老一少，各自的敌人也不少；腾讯与阿里巴巴手中的牌最多，但江山依然不稳。

从表面上看，是"二战"的局面，实际上更像"冷战"。看看腾讯与阿里巴巴的战场分布：在支付领域，微信支付对阵支付宝；在社交领域，微信对阵微博＋"陌陌"（陌陌 App，后文简称"陌陌"）；在电商领域，京东对阵淘宝；在 O2O 领域，新美大对阵"口碑"＋"饿了么"；在共享单车领域，摩拜对阵 ofo，两个巨头同时又是滴滴出行的股东。

这是史上第一次发生在互联网巨头之间的混战，有巨头的战争，也有代理人的战争。

BAT 的叫法用了快 10 年了。据说，过去 5 年中，3 家巨头共投资了 30 家已上市公司和几百家未上市公司。中国未上市的互联网创业公司中估值前 30 名的公司，80% 有 BAT 的投资。

以前，大家不适应的是，BAT 什么都做；如今，大家习惯的是，BAT 什么都做。

以前为什么不适应？因为巨头专门与创业公司竞争，所以腾讯成为公敌。今天为什么习惯？因为巨头与巨头之间竞争，受关注度高，且巨头之间竞争，也时常会拉拢小公司。

巨头与小公司竞争，使得中国互联网发展无路可走；而巨头之间的竞争，则有助于小公司的发展。

显然，在这场势力范围争夺战中，腾讯和阿里巴巴走到了前面。更重要的是，这是在原有核心业务和新兴业务同时获得迅猛增长的前提下实现的。而百度未来的业务则似乎遥遥无期，更悲惨的是，其核心业务正在被两家成立才 5 年的创业公司（今日头条和滴滴出行）蚕食。以前有个说法：行业老大与老二打，最有可能被淘汰的是老三。京东距离百度还差 100 亿美元的市值，网易距离百度还差 200 亿美元。据说未上市的滴滴出行，估值也在500 亿美元左右。稍有风吹草动，BAT 之名就有可能成为历史。

谁能接棒？

丘吉尔说，这不是结束的开始，而是开始的结束。"二战"即将结束，"冷战"即将上演。

第 4 章

下半场的最大变量：B 端的数字化

iPhone 的出现，被认为是移动互联网到来的标志性事件。有人曾问乔布斯，相对于传统手机，苹果手机的价值是什么？乔布斯回答：它让个人的计算能力变得异常强大。

从某种程度上看，互联网上半场的发展过程就是通过不断强化 C 端用户的计算能力并将其数字化的过程。这个过程实现了人与人、人与商品、人与服务的连接，核心是人的数字化。

中国互联网上半场的本质是各个巨头搭建了由 C 端用户驱动起来的 B2C（商对客）交易平台。

阿里巴巴、京东、小米是商品交易的 B2C，连接的是品牌与消费者；腾讯、今日头条是时间交易的 B2C，连接的是内容生产者与内容消费者；美团、滴滴出行是服务交易的 B2C，连接的是服务提供商与服务消费者。

但中国互联网上半场赶上了用户红利最大的一波释放，影响各个巨头的核心变量就是用户数（C 端）。先"开枪"、再"瞄准"，成了每一个巨头崛起的内在逻辑。所以，大家做的其实都是

to C 的生意。

2018 年以来，互联网下半场已经由概念变成现实，大小巨头们不仅纷纷提出了自己的下半场攻略，更是通过组织变革来回应这一现实。这一次，大家的枪口依然一致：B 端。

互联网公司从 C 端到 B 端的争夺，与线下零售的进化逻辑类似。当年百货公司都选在城市最黄金的地段，因为这里人流量大，是入口。后来，以垂直品类为主的大型商场同样把地段作为竞争的核心。

但到了大型商场（Shopping Mall）阶段，入驻品牌的知名度、入驻品类的丰富程度成了吸引消费者的关键，即由商家驱动的购物体验变得越来越重要。为什么远在东五环的朝阳大悦城比二环内的百货公司有人气？因为前者通过基础设施和服务能力彻底升级了 B 端商家。

如果说互联网上半场是需求侧革命，那下半场就是供给侧改革，即由互联网平台帮助各类商家和企业降低成本、提高效率。美团的联合创始人王慧文说："如果中国餐饮行业的经营水平、管理水平得到改进，成本和效率就会有 25% 左右的改善空间。而这 25%，等它来是不可能的，我们必须去驱动它。"

互联网上半场发展的一个结果是形成了几个交易型互联网巨头，比如，美团、阿里巴巴、京东、小米。它们在各自的领域积累了丰富的 B 端场景，这也使得中国广阔的 to B 型市场不像美国那样是白手起家，而是积累了海量的 C 端用户数据、需求、技术，是典型的"降维攻击"①。

阿里正在通过淘宝改造中国的中小型制造企业。比如，先采集淘宝的需求，然后把这些规模化的需求传递给工厂，同时在工厂配套物联网设施，保证生产的有序进行，等等。这种 C2M（顾客对工厂）的模式彻底改变了传统制造业的流程和效率。对于中小企业来说，无异于一场数字化革命。

京东对传统零售的改造，除了推出自有生鲜品牌 7FRESH，还对遍布中国城乡成千上万的便利店进行数字化改造，比如，利用京东的供应链优势帮助这些小店进行集中采购、精准营销等。

小米其实是 C2M 模式的集大成者——先把生态链成员企业的采购需求统计出来，集中向上游供应商议价，从而保证了最大的成本优势。

如果说互联网上半场的发展是自下而上的革命，那么下半场就是自上而下的革命，因为巨头们已经拥有了用户、技术、资本，更重要的是，交易场景。

目前，中国各类餐馆大约有 800 多万家，如果再算上其他各类商家，中国生长在大街小巷的 B 端商家有几千万家。这些商家

---

① "降维攻击"一词出自作家刘慈欣的科幻小说《三体 III·死神永生》，意思是将攻击目标本身所处的空间维度降低，致使目标无法在低维度的空间中生存，从而毁灭目标。——编者注

的特点是基本靠天吃饭，采购需求、店面管理都很随意，数字化程度很低。

但为什么说互联网下半场的主题是 B 端商家数字化革命呢？

王兴说过一段话，大致意思是，美团进入一个领域，首先会看需求背后的底层结构是不是在变。比如，创业之初，美团有两个方向可以切入：一个是团购，另一个是 LBS。经过深思熟虑，王兴暂时放弃了 LBS。除了这个模式离钱较远，还有一个主要的原因，就是当时智能手机还未普及，LBS 还不具备爆发式的群众基础。

而到 2013 年，美团进入外卖市场的时候，智能手机已经初步替代了传统手机，移动互联网真正落地了。而外卖，正是 LBS 模式的最典型应用。顺势而为比什么都重要。

在王慧文那篇长达 4 个小时的爆款演讲稿中，他提到了美国几家著名的 to B 型公司，其中成立于 1999 年的 Salesforce（美国的一家客户关系管理软件服务提供商）备受推崇。

其实在 Salesforce 之前，美国已经有很多的 CRM（客户关系管理）管理软件公司，但最后为什么是 Salesforce 一骑绝尘、秒杀众多前辈？很重要的一个原因就是它把客户端软件与 Web 结合起来了，这顺应了互联网大潮的崛起，使客户体验得到了极大改善。

如果没有 C 端数字化的浪潮，Salesforce 的 to B 业务的数字化可能就会失去一个重要的现实基础。如今的互联网下半场，在需求侧已经完成了数字化普及；而在供给侧，数字化显然才刚刚开始。

以美团为例，它目前服务于 550 万各类商家，其中餐饮类商家最多。通过美团外卖、大众点评等平台，这些商家已经与需求侧完成了数字化连接，但它们自身的数字化明显滞后于需求端的数字化。

在 2017 年年底的组织架构调整中，美团把"快驴进货"升级为独立事业群，其战略目的显而易见。餐馆的进货一直是行业痛点。首先，商家无法预知需求有多大；其次，商家无法在保证品质的同时控制好成本。

而美团外卖、大众点评积累的海量数据，以及基于 LBS 的"美团大脑"，可以帮助餐馆进行客源分析和订单预测，这是以往独立的餐馆凭一己之力无论如何也做不到的事情。

好处是什么呢？食材的采购可预期、可数字化管理，而且在"快驴"整合众多餐馆需求之后，采购成本也是可以降低的。这势必会带来另一个结果：最上游的供给端（产地、农产品生产企业）顺势完成规模化、标准化的运营模式再造。

如果把餐饮的产业链分为前、中、后三端，目前它已经完成了前端（C 端用户）的数字化改造，中端（餐馆）、后端（上游供应链）的改造才刚刚开始。而餐馆作为连接前端和后端的枢纽，无疑是这场 to B 革命的主战场。就像淘宝卖家、小米生态链企业

背后有工厂，京东超市背后有消费品牌，B 端的背后还有更大的
B 端。

过去几年，供给侧改革成为中国自上而下的一种新共识，互
联网的下半场是最有可能把这种共识变为现实的试验场，因为互
联网已经完成了需求侧的铺设，有得天独厚的优势做供给侧数
字化。

第 5 章

巨头都在 ALL in 下半场

在 2012 年 6 月初的一个活动上，李彦宏谈到移动互联网时笑称："其现状就像酒驾，很刺激，但也很危险。"

那时微信用户数刚刚过亿，阿里巴巴还在纠结移动端怎么做。后来媒体总结说 A 和 T 抓住了移动互联网的大潮，多少有些事后诸葛的意思。其实大家心里都没谱。

真正相信移动互联网的，都是 BAT 之外的边缘人。雷军错过了 PC 互联网，当然要全面进入智能手机领域；王兴在 PC 互联网时代一直被巨头"修理"，当然盼望革命的到来；张一鸣、程维一上来就只做移动端，与其说是信仰，不如说是别无选择……

从 2010 年 7 月开始，中国移动互联网用户的增速就已经开始明显快过 PC 互联网用户。但在随后的至少 3 年时间里，仍然有很多人对移动互联网视而不见。

从本质上来说，移动互联网是一场由流量红利期引发的自下而上的革命，中国互联网今天的格局就始于 10 年前一部 iPhone 手机引发的"蝴蝶效应"，俗称"互联网上半场"。

2018 年以来，"互联网下半场"不再局限于概念层面，而是进入了真刀真枪的实战模式。

马化腾说："移动互联网的上半场已经接近尾声，下半场的序幕正在拉开。伴随数字化进程，移动互联网的主战场正在从上半场的消费互联网向下半场的产业互联网方向发展。"

马化腾认为，互联网下半场是产业互联网。

那么，下半场到底是什么？

1. 是一场由巨头们主导的自上而下的巨变，从议题设置到资源调配，大公司是下半场的先行者。

2. 是 C 端到 B 端的切换，C 端流量是根基，B 端客户是增量。上半场比拼的是对 C 端的运营能力，下半场比拼的是对 B 端的服务能力。

3. 是 B 端能力的展现。上半场完成了 C 端数据化，下半场要完成 B 端数字化，并最终实现数据在 B、C 两端的彻底打通。

4. 所有 to B 的生意，都是在解决三个问题：提高效率、降低成本、增加收入。互联网的下半场也不例外。

2018 年，中国主要的互联网上市公司的收入普遍增速减缓，其中，用户增速减缓最为明显。2018 年上半年，中国互联网新增网民为 2 968 万人，较 2017 年年末仅仅增长了 3.8%。

这正是各大互联网公司进行一系列调整和变革的最大背景：C 端增长乏力，而 B 端市场似乎还处于萌芽阶段。在流量趋于恒定的前提下，B 端的竞争力将是各大平台的生存根基。各家巨头纷纷开始布局 B 端市场，例如，腾讯要做"数字助手"，美团要帮餐饮企业实现数字化，阿里巴巴和京东都要拓展零售的边界，连今日头条都在小程序和电商领域发力。

发生了什么?

30 岁的杨钢泽来自中国著名的"袜都"浙江诸暨，这里有每年上亿双袜子的产能，几乎全部用来出口。杨钢泽的父亲很早就创办了袜子工厂，这几年外贸市场不好做，工厂生意也受到了影响。

起初，大学期间就开始接触电商的杨钢泽提出利用淘宝"天天特卖"的 C2M 模式卖袜子。父亲很不以为然，觉得这事儿反常识、反传统。"不都是先生产再销售吗？"

所谓 C2M，就是 Customer-to-Manufactory，即先有客户定制需求，工厂再接单生产。

"传统的工厂模式是做了再卖，没有数据预测和监控，也没有前期调研，导致生产的商品同质化非常严重，库存积压严重。"淘宝"天天特卖"总经理唐宋说，C2M 模式是将传统的生产者主导的模式转变为消费者主导的模式，核心是先收集、分析数据，真正做到按需生产。

借助庞大的后台数据，淘宝给杨钢泽带来了更加丰富的需求信息：消费者觉得短袜的罗口还是有些长，"潮人们"更愿意露出脚踝，如果有一截袜子边缘露出会尴尬；另外，买家普遍觉得现在的短袜罗口有些紧，穿着舒适度上还有改良的空间……

消费端用户数据的反馈，可以让工厂了解用户的关键需求和非关键需求，从而摒弃多余功能，降低成本。杨钢泽也算了一笔账：平均每双袜子可以节省7%~8%的成本。

在2018年8月的那场淘宝"天天特卖"活动中，杨钢泽的店铺在3天里卖了153万双袜子，而且几乎全部卖给了国内消费者。他做到了满足用户的需求，降低了成本，更重要的是：打开了国内市场。

淘宝对中国实体经济的重塑不止于此。除了像海宁皮革城、诸暨传统袜企，从长三角到珠三角，大批传统企业正在通过淘宝实现升级换代。

都说流量红利期结束了，我觉得说"流量开始堵塞了"可能更为准确。流量为什么会"堵塞"呢？其实就是大小B端商家们并没有完全被数字化，或者说他们一直被隔绝于互联网之外。养猪的还是用几年前的方式养猪，开餐馆的还是用几千年以来不变的方式开餐馆，当流量不足的时候，B端商家的效率、成本问题就会更加突出地显现出来。

底层逻辑是什么？

互联网下半场与上半场相比，平台的着力点在变：从获取 C 端到服务 B 端，从流量运营到数据运营，从横向扩张到纵向进化。

但不变的是什么呢？这也就是上半场和下半场的共性问题。我觉得有两点：第一，从形式上来说，无论是做 C 端还是做 B 端，都要有标准化、可规模化复制的产品体系；第二，从目的上来说，无论是面向 C 端的互联网平台，还是面向 B 端的数字科技平台，本质上都是为了降低成本、提高效率。

互联网上半场之所以发展很快，就在于每家公司都是面向 C 端来提供标准化的产品，一个北京人用的微信与一个东北人用的微信没有任何差别，这就很容易形成网络效应。但面向 B 端的产品或服务很容易变成项目制，A 公司拿到的解决方案可能与 B 公司拿到的不一样。这就是很多 to B 型公司很难形成网络效应、规模效应的根源。

京东数字科技已经围绕智能城市推出了一个名为"城市操作系统"的计算平台。这个平台可与每个城市的主要职能部门合作，比如财政局、公安局、交通局等，帮助它们做数据采集、分析、归类，最终联网。

但这里存在一个问题——很多部门的数据不能随便公开，比如公安局的数据，必须高度保密。可这种数据有时又需要与其他城市部门的数据进行交换才具有实际意义。京东数字科技需要解决两个问题：一是数据的安全性，二是数据的可交换性。换句话说，就是既能保证数据联网，又不会泄密。

京东数字科技在这个城市操作系统中加入了一个名为"数字网关技术"的功能，利用基于用户隐私保护的联合建模机制和多源数据融合算法，解决了隐私保护的问题。数字网关技术先将城市计算平台落实到各个部门，通过模型前置，各企业部门内部利用自己的数据经过模型计算出加密不可逆的中间结果，再将中间结果同其他数据结果融合，挖掘数据价值，真正做到原始数据不出户。

这个城市操作系统其实就是解决了 to B 业务如何避免项目制的问题。越多的城市部门把自己的数据平台放到该系统之中，这个系统的网络效应就越大，价值当然也越高。

美团刚成立的时候，有媒体问王兴，如何看待互联网行业的创业机会。王兴说，互联网不是一个行业，而是一种工具。从 PC 互联网到移动互联网，这个工具最主要的功能就是降低成本、提高效率。

而京东数字科技 CEO（首席执行官）陈生强在这个行业共识上又加了一个词组——"增加收入"。互联网不是仅仅为了减少既有的成本，而是用数字科技能力帮助合作伙伴开拓全新的场景，从而获得增量收入。

社交软件降低了人与人之间沟通的成本；电商平台降低了人与商品的匹配成本，提高了获取效率；内容平台降低了人与信息的匹配成本，提高了获取效率。

互联网上半场主要是从满足 C 端的需求出发，降低成本、提高效率；下半场则是从满足 B 端的需求出发，将原本仅靠经验的传统产业纳入数字化的网络里来，更大规模地降低成本、提高效率，同时增加收入。先对 C 端数字化，再对 B 端数字化，底层逻辑依然没变。

进化的顺序

为什么是大公司打响了互联网下半场的第一枪？为什么互联网下半场是一场自上而下的革命？这些问题的答案其实都可以归结为：下半场最重要的竞争力是什么。

如果把上半场看作一场原始积累，那么，互联网大公司的第一桶金就是数据和场景。有人会觉得用户或流量很重要，但这些只是表象，只有用户或流量而没有数据挖掘、存储和使用能力，以及这种能力释放的场景，一切都无从谈起。

腾讯要做产业互联网，与其拥有中国最大的用户数据密不可分。特别是微信，已经成了国民标配，并且催生了无数使用场景。腾讯上半场先做B2C，下半场开始做B2B（企业之间的商业模式）

也就水到渠成了。

美团也是。从团购起家，典型的B2C模式，到如今要对供给侧的商家进行数字化改造，也是从上半场的B2C进化到目前的B2B。

京东数字科技的前身——京东金融，始于满足京东商城这个自家客户的需求，从而诞生了"白条"等B2C业务。然后，京东发现自己的金融技术能力也可以服务外部的金融机构，所以就有了B2B业务。如今，从传统养殖业到智能城市，京东数字科技积累的数据和技术完全用得上，其实就是把狭义的B2B变成了广义的B2B2C（供应商对企业，企业对消费者）。

产业互联网的核心是实现数字化，同时把消费互联网嫁接到产业互联网中去，让产业互联网直接探索新的应用场景，这就是B2B2C的逻辑。

从用户到数据，再到场景，从互联网上半场就开始层层推进。所以，互联网下半场不是与上半场的彻底决裂。上半场是起点也是终点，只不过必须走下半场的路径才能抵达。

资本的进化

先融资，再"烧钱"，最后赚钱，几乎成了所有创业者和投资人对互联网创业的最底层认知。这正是最近 10 年中国互联网创业的主流模式。所有创业者和投资人都相信，拼到最后，一定有赢家，一定能赚大钱。

识

第 **6** 章

重新理解创业

特朗普当选美国总统，很多人的第一反应是：这不科学。

一个房地产行业出身、没有任何政治背景、整天在娱乐节目上斗嘴的人，特别是其政治主张极为偏激、从来不试图讨好所有人、被精英阶层唾弃，他竟然击败了一个拥有深厚政治人脉资源、被视为政坛完美女人的希拉里，不符合常识啊！

但是日常不符合"常识"的事情并不少，以创投圈为例：天生死敌的滴滴出行和 Uber（中国）居然合并了；阿里巴巴"双11"单日销售额突破 1 200 亿元，要知道，2009 年第一次"双11"时，这个数字是 5 000 万元，7 年增长 2 400 倍；本以为三大门户的时代早已结束，没想到网易竟然升至中国互联网公司市值 TOP 5，更没想到微博的市值会超过奇虎 360……

在一个盛行"打脸"的时代，有些"常识"被打破不用大惊小怪。关于创业，该了解一下那些我们视为"常识"的事情了。

大众创业已死，"草根"创业安息

这一波从 2013 年刮起的创业"台风"，最主流、最权威的判断就是中国已经形成了全民创业的大潮，人人能当马云，遍地都是硅谷。创业成为 90 后最显著的标签，街边小吃店的"食客"都在谈融资。

但是，不得不说，接下来的创业，已经跟大众没什么关系了。看看 2018 年几个重要的风口，几乎都是被资本掀起来的，直播、共享单车、人工智能等都是需要资本大规模投入的，而这些领域的 TOP 3 创业者，不是连续创业的人，就是受过良好教育、出身大公司的精英。哪里还有"草根"？

到 B 轮才被淘汰其实就很成功了，真正厉害的是敢于主动关门

大众创业的一个副产品，就是把很多本来不适合创业或者找错方向的创业者给"劝"进场了。所有人都认为自己是下一个滴滴出行、下一个映客直播，天使轮的钱还没到账，就操心 B 轮怎么融资。现在看来，2013 年能走到 B 轮的公司已经很不容易了。

不少依然奋战在天使阶段的人们，在面临关门还是继续的问题上，应当记住这句话："吃相"最重要。最近遇到几个创业者，

都是在感觉方向不适合自己的情况下，主动把账上的剩余资金还给了投资方，关门大吉。不在意一城一地的得失，把创业看作一次长跑，才是真正的创业。

to VC 模式不仅适用于创业公司，也适用于 VC

传统经济学理论认为，一个行业充分竞争，最后的结果就是分工协作，各司其职。但在中国，一级市场的投资正变得越来越重：手里有一家天使基金的，都在募集成长基金；有了成长基金的，可能还需要募集 PE（私募股权投资）。

为什么会出现这种情况？年景好的时候，天使基金投资的项目是别人来抢；年景不好的时候，只能自己接自己的盘——这就需要后续不同阶段的资金来"攒局"。

to VC 模式的另一个趋势是，一线 VC 自己开始办"创业大赛"。想必大家都知道，最近这半年，从经纬中国开始，IDG（美国国际数据集团）、红杉中国等知名 VC 先后推出自己的 Demo Day（演示日），就是把现有的需要下一轮融资的创业者聚到一起，同时邀请几十、上百家同行过来，一对一撮合。以前这都是创业媒体做的事情，现在 VC 需要内部互相联系。都说创业者苦，现在看来，其实 VC 更苦。

风口可能是自然风，也可能是人工风

自风口理论诞生以来，中国的创业者追逐风口、敬畏风口就成了创业的第一准则。

但所有风口都是"救兵"吗？以打车市场的疯狂崛起为例，如果不是当年巨头们对移动支付的战略性渴求，这个市场会有那么多资本进来吗？会这么快发展起来吗？与其说这是共享经济的风口，不如说是巨头布局的风口。

但是，并非所有风口都是给创业者准备的。

最坏的时刻还没到来

所谓"资本寒冬"，主要是指创业者不好融资，投资人不轻易投资的阶段。但从 2017 年下半年进入"资本寒冬"以来，有几个领域获得了资本的大规模涌入，比如，内容创业、VR/AR（虚拟现实 / 增强现实）、直播等，基本上都拿到了投资。

按照一般的"洗牌"逻辑，接下来这些领域将会批量去库存。这些领域在广义上都属于注意力经济，头部资源的集中度非常高。对于长尾资源来说，一天不能跻身头部阶层，就意味着一天没有拿到门票。

第 **7** 章

早期投资已死

2017 年下半年，我碰到了几位做早期投资的朋友，他们无一例外都在做同一件事情：募资。募什么资呢？中后期的成长基金。也就是说，做天使投资出身的他们，开始筹钱做 VC，甚至 PE 了。

这并不是个别现象。最近几年成立的早期基金的创始合伙人，现在一般就做三件事：要么忙着募资，要么忙着清算，要么焦虑地持币观望。"双创"最火的时候，最幸福的不是创业者，而是早期投资人，他们刚投资，就有人接盘了。但是现在，人们只能靠募资来接自己的盘了。一家成立于三年前的早期基金，在过去两年把超过 50% 的资金都放了不到 10% 的项目上，天使投完 A 轮投，A 轮投完 B、C 投，到 D 轮发现钱不够了，再拉上 LP（有限合伙人）直接投。

根据泰合资本的统计，2017 年 1 月到 9 月，国内二级市场总体募资规模是 1 804 亿元，同比大幅增长。但是在投资规模（数量）上，相比 2016 年的 1 月到 9 月，反而下降了 17% 左右。也就是说，各类投资机构投出去的钱增多了，但拿到投资的公司数量变少了。钱都去哪里了？去头部公司了，即那些已经在市场证明其未来可期的稳定型公司。早期创业公司连"喝汤"的机会都变少了。

早期投资火不火，看看它的周边就清楚了。现在去百度搜"孵化器"，后面紧跟着是"倒闭潮"三个字；联合办公空间的日子也不好过，现在一线城市入住率超过 50% 已经算是流量大户了；几家知名创投媒体早就砍掉了 FA（理财顾问）、股权众筹等撮合业务；靠"人海战术"起家的新型融资中介，有的调整，有的裁员……

与早期投资形成鲜明对比的，是中后期投资市场的迅猛发展。IT 桔子[①] 的数据显示，2016 年，中国融资最多的 10 家公司，总计融资 234 亿美元，占当年全部融资额的 40%。更有意思的是，来自微链[②] 的数据显示，截至 2017 年 10 月底，中国 10 家最顶尖的互联网公司，当年一共投资 244 笔，也就是说，平均每 30 小时就有一家创业公司被巨头看中。

截至 2017 年年底，中国的私募投资机构已经超过两万家，其中绝大部分是 2010 年之后成立的。

早期投资成为显学乃至泡沫，与过去这些年对它的错误解读

---

① IT 桔子是关注 IT 互联网（信息技术互联网）行业的结构化的公司数据库和商业信息服务提供商。——编者注
② 微链 App 是一个泛创业人群聚集的创业投融资服务平台。——编者注

有很大关系。"双创"最热闹的时候，媒体热衷报道徐小平投谁赚了多少倍、雷军投谁赚了多少倍，但很少有人关心：徐小平投资陈欧之前，还投资了兰亭集势的郭去疾，投资郭去疾之前，还结识了很多留学归来的创业者；雷军投资李学凌之前，他们俩已经认识好多年了，2005 年投资的时候，雷军就定下了不熟不透的基本原则；王江投资王兴之前，他们也早就在清华创业者校友圈子里认识了；王刚投资程维之前，他们俩是十多年的阿里巴巴"中供系"同事，属于上下级；海纳亚洲王琼投资张一鸣的今日头条之前，已经投资了他的九九房，在此之前，还投资了酷讯，张一鸣当时是技术负责人……

我想说的是，真正厉害的早期投资，都是过往人脉在未来的"折现"。而 2010 年之后，无数新成立的新基金的合伙人，并没有足够的人脉和资源支撑他们寻找下一个张一鸣、王兴。以 2018 年最火的人工智能和新零售为例，这两个领域与传统的纯互联网创业风口几乎不沾边儿，连创业者都是跨界而来，还能指望做互联网出身的投资人懂多少？

"双创"之前，是互联网出身的创业者继续做互联网，互联网出身的投资人继续投资互联网。但现在互联网已经变成了基础服务，在此之上，一切都是新的。在一个新的领域，没有人脉积累，没有经验积累，仅仅有钱，是远远不够的。

其根本原因在于，中国创业创新的运营机制发生了天翻地覆的变化。从 PC 时代开始，互联网创业在中国就是由权力精英之外的边缘人群来推动的。无论出身好与坏，这些创业者就像拓荒者一样，硬生生地从 0 到 1 搭建起中国互联网的基本格局，哪怕在 5 年前，也是如此。

但最近三年，互联网巨头们不仅投资数量越来越多、规模越来越大，而且很多项目干脆是自己来做，BAT 如此（比如在人工智能领域的布局），第二梯队的互联网公司也是如此。巨头们有钱、有资源，赢得优秀人才的成本也最低。马云一出手，就把新零售的核心位置占据了；今日头条用不到两年的时间就把短视频矩阵做成了"独角兽"矩阵；李彦宏可以把陆奇请来，但一家早期基金可能把陆奇请去创业吗？

所以，中国创业创新的底层运行机制，已经由过去的自下而上，变成了现在的自上而下。手握流量、人才与资本的大小巨头们能够以席卷之势抢下各种风口。以往的早期投资拼的是资本，但现在仅有资本远远不够：你能不能找到靠谱的团队，找到之后，他们又能为你提供何种资源？不是创业的附加值在变大，而是创业者选择的空间在变大。钱挑人的时代已经过去了，现在是人挑钱。

纯互联网创业的机会越来越少，而现在做早期投资的，大多来自纯互联网创业领域。当投资方向对于所有人来说都是崭新的时候，谁的资源多，人才就会靠向谁，这是最基本的吸引力法则。给自己贴再多的标签，面对武装到牙齿的巨头，也是没用的。

实际上，中国创投江湖正在向二八法则①理性回归。因为整个中国社会的态势就是资源上行。

即使是一些老牌 VC，也不得不打着"我们是早期基金"的旗号，去和巨头一起玩中后期。5 年前，谁会想到以早期投资著称的 IDG 会领投美团这种几百亿美元的公司？早期投资赚 100 倍曾被视作很正常，问题是现在赚 100 倍的机会越来越少了，所以大家宁愿跟着巨头去赚 5 倍、10 倍。VC 不是变得势利，而是变得现实。

个人天使不好做，就募集很多钱做机构天使，这从本质上来说是一种退而求其次的选择，因为好项目不会因为市场上的钱越来越多而相应变多。恰恰相反，当钱越来越多的时候，陷阱和"坑"也会变多，因为再不靠谱的公司或赛道，只要有人不停地注资（很多时候是自己接自己的盘），就会造成"生米煮成熟饭"的假象。资本疯狂涌向 O2O 的教训并不遥远。

搜狗上市了，微信会不会上市？支付宝会不会上市？其实它们上不上市已经不重要了，重要的是大的赛道、大的风口已经被"皇亲国戚"占据了。如今想靠早期投资一举成名，难度应该不亚于以前平民当上驸马。

---

① 二八法则，也叫巴莱多定律，是 19 世纪末 20 世纪初意大利经济学家巴莱多发现的。他认为，在任何一组东西中，最重要的只占其中一小部分，约 20%，其余 80% 尽管是多数，却是次要的。——编者注

第 8 章

资本与进化

　　如今在中国，融资规模不在 10 亿元以上，都不好意思说自己是风口上的创业者。现在做融资新闻发布的创业媒体特别多，我一直纳闷，就没有人做一个发布"烧钱新闻"的媒体吗？

　　比如，标题可以这样写：《独家！摩拜宣布 6 月"烧掉" 1 亿美元，距离花光最后一分钱还有 18 个月零 3 天》。转天摩拜单车就发布：《首发！ ofo 宣布"烧掉" 2 亿美元，距离花光最后一分钱依然有 19 个月零 18 天》。看谁能坚持到最后！

　　这不是笑话，如果说公布融资是一本正经地装，那通过分众等广告平台来间接传递自己公司的"烧钱"能力，会让很多创业者及其背后的投资人都将此视为另一种能力：高级装。

　　敢明目张胆地谈融资，敢信心满满地去"烧钱"，那还有什么是创业者不敢的事情吗？有，谈赚钱。

　　不谈赚钱这个事，是有"伟大"传统的。

　　1999 年，红杉资本的合伙人问谷歌创始人，搜索怎么盈利？两位创始人说不知道，但红杉资本还是投了。

2000 年，IDG 的合伙人问马化腾，QQ 怎么盈利？马化腾说不知道，但 IDG 还是投了。

……

几乎每个功成名就的互联网巨头都被投资人问过这个问题。但无一例外，他们都拿到了投资。而且随着时间的推进，上述问题的重要性日益减弱，在投资人的必问清单上的排位也越来越靠后，甚至根本不问——投资人只关心规模、市场份额、估值增长，至于赚不赚钱、每年乃至每天亏多少钱，反而没人关心了。

这就形成了一条互联网创投法则：只要用户持续增长，当它的规模能够统治市场时，自然而然会赚钱，所以也就没必要问了。正所谓"赢家通吃"。

这条法则让互联网在"石器时代"就受到了资本的眷顾，所以平台型公司得以生存下来，谷歌如此，腾讯如此，阿里巴巴如此，亚马逊更是如此。可以说，没有这些巨头潇洒地成长，互联网可能还停留在较为落后的时期。创业者赌对赛道，投资人有耐心，从时间上顺延成功，从体量上做大成功，大者恒大，赢家通吃。

先融资，再"烧钱"，最后赚钱，几乎成了所有创业者和投资人对互联网创业的最底层认知。这正是最近 10 年中国互联网创业的主流模式。从团购到垂直电商，到上门 O2O、外卖、网络约车、共享单车，再到如今的共享充电宝，所有创业者和投资人都相信，拼到最后，一定有赢家，一定能赚大钱。

先看看美国的情况，有最近上了全球媒体头条的 Uber CEO 休假事件，以及众多高管岗位缺失事件，根本原因就是 5 个字：烧钱不赚钱。Uber 是 2009 年成立的，到 2018 年已经 9 年了。

再看我国。"饿了么"是 2008 年成立的，美团是 2010 年成立的，滴滴出行是 2012 年成立的……最少也有 5 年了。

但很多人不知道的是，下面这些公司（平台）都是成立 3 年之内便开始盈利的：谷歌、腾讯、淘宝、脸书、小米公司。

也就是说，目前台面上真正呼风唤雨的巨头公司，实际上在很小的时候就具备了"赚钱养家"的能力。没有人记住巨头们赚小钱的时候，只记住了它们成为巨头、平台之后赚大钱的样子了。没有小钱，何来大钱？互联网创业的路被带歪了。

被谁带歪的？最容易被提及的就是亚马逊。当 2015 年（中国 O2O 泡沫最疯狂的时候），亚马逊创业 20 年来第一次盈利的时候，无数中国媒体、投资人、创业者都为之兴奋。

一家公司，成立了 20 年都没有赚钱，围观者不以为耻，反以为荣，并将其当成了学习的榜样。更可笑的是，亚马逊就不应该是创业公司的榜样：亚马逊专业"烧钱"20 年，但其中有 18 年是上市之后"烧"的。

也就是说，仅仅成立两年，亚马逊就上市了。而且，在上市之前，算上创始人贝佐斯自己的钱、从亲朋好友那里借来的钱，以及唯一一笔从 KPCB（美国最大的风险基金公司）那里融资的 800 万美元，亚马逊一共融资 900 万美元。就算考虑到汇率，这个上市前的融资金额放在今天的中国，完全可以忽略不计。

从上市之初的 4 亿美元市值，到今天的 4 600 亿美元；从卖书、做电商，到今天成为一家科技巨头，亚马逊一直在亏钱。但问题是，支撑它走到今天的，不是 VC 的持续投钱，而是主要依靠自己赚的钱：看看每年亚马逊对研发、前沿业务的投入规模就清楚了。

有人说，美国股民的钱也是投资人的钱。股民与 VC 的根本区别是，股民的钱是自由支配的，而 VC 的钱是有存续期的；前者适合价值投资，后者适合估值投资；前者可以放长线、钓大鱼，后者是"养猪杀猪，杀完就跑"。所以说，大家对不盈利的亚马逊保持 20 年的信心，是基于对科技与市场的信心，这与国内风口上的未上市项目持续融资、"烧钱"有本质区别。

国内资本对风口项目的信心，首先是对资本的信心，即资本更相信资本。为什么估值那么高、"烧钱"那么猛、迟迟不赚钱，VC 却依然对风口项目趋之若鹜？原因在于，过去这七八年里，中国互联网的投资环境发生了根本性的转变。

在 2010 年之前，也就是移动互联网创业之前，中国与美国的创业投资没什么差别，创业者一般都是拿天使、A 轮、B 轮、C 轮，直至上市敲钟。从一级市场到二级市场，各路资本各司其职。但

2010年对于中国来说是一个转折点，不仅是因为移动互联网崛起，互联网从 PC 走向了智能手机，还因为巨头的改变。

"3Q 大战"改变了腾讯的行事风格，也改变了巨头的心态：在大变局之下，巨头怕被巨头打败，也怕被创业者打败。腾讯被称为"山寨大王"的时候，其实是它主动出击的时候。主动出击意味着心里有数，知道前进的方向；而当腾讯、阿里巴巴放弃抄袭、围猎，转而疯狂投资创业公司的时候，说明它们心里没底了，这是防御性的战略：就算投资"打了水漂"，也不能让对手抢到"金凤凰"。

所以，传统的投资方式在过去几年迅速变成了：拿天使、主流 VC 的 A 轮、巨头的 B 轮，然后在风口之上合并同类项，"超级巨头"最终买单。大家好像忘了要盈利，至少前面的投资人不管了：有人接盘，套利离场，并没有改变 VC 行业的商业模式。

不仅是创业公司被卷进了这股洪流，就连已上市的公司，也不能独善其身。58 同城、京东投向了腾讯，高德、优酷网和土豆网投向了阿里巴巴，去哪儿网投向了携程，途牛投向了京东……

"独角兽"、上市公司，从"赢家通吃"到今天的"赢家通吃补贴"——吃"超级爸爸"的补贴，互联网铁律在进化，风口在货币化，可我还是佩服 30 岁的马化腾诚实地对投资人说的那句话："我还不知道怎么赚钱。"

to AT 模式的终结

2018 年年初，时不时地传出阿里巴巴投资头条系的消息。张一鸣表示，不想给巨头打工，但形势就摆在那里。今日头条拿阿里巴巴的钱，就算不是站队，至少也是结盟。敌人的敌人不是朋友，是盟友。

今日头条最终被阿里巴巴投资，说明中国互联网的最后一座流量山头插上了巨头的旗帜。这也意味着，目前中国估值超过 100 亿美元的 11 家"超级独角兽"企业，其中有 10 家与 BAT 有关联（阿里系曾经投资小米公司）。

2018 年年初，张一鸣很忙，一边是今日头条可能即将 IPO（首次公开募股），一边是今日头条可能拿阿里巴巴的投资，而这两个消息只能有一个是真的。这恰恰说明了一点：是拿一级市场的钱，还是拿二级市场的钱，主动权依然掌握在张一鸣手里。与其说今日头条是对巨头二选一，不如说是对钱的来路二选一。

过去 5 年成长起来的"独角兽"，一边把风口当作杠杆，一边挑钱：从天使阶段就开始挑，到 VC 阶段依然挑，再到 Pre-IPO 阶

段 [1]，甚至可以挑 A 和 T 的钱。

结果就是创造了一条具有中国特色的创投产业链：创业公司 to VC，VC to AT。对于创业公司来说，拿了 AT 的钱，即使不上市也能有人兜底；对于中国的新老 VC 来说，在上市之外，又找到了一条退出变现之路，而且获利方式比上市更加简单、直接。

事实胜于雄辩。从 19 亿美元的 91 助手到 90 亿美元的"饿了么"，给早期投资者（VC）带来的收益，远远高于同期任何一家 IPO 公司的账面回报，而且还是真金白银。据说 2016 年的时候，微信九宫格的一个位置就价值 10 亿美元，相当于一只"独角兽"的价格。VC 怎能不爱巨头？

但对于绝大多数"独角兽"来说，进入 2018 年之后，好像突然丧失了对钱的主动选择权。据"接招"的不完全统计，2018 年以来，在境外上市和已经递交招股说明书的总共 22 家中国互联网公司中，只有 4 家在最近 12 个月内完成了新一轮私募融资，其中还有 2 家的融资发生在 2017 年 10 月（美团和"51"信用卡）。

再来看另一组数字。2015—2017 年的三年是中国"独角兽"公司诞生数量最多的三年：2015 年超过 15 家，2016 年超过 10 家，2017 年超过 20 家。2018 年过半后，中国诞生了几家"独角兽"呢？不到 5 家。

---

① Pre-IPO 阶段指投资于企业上市之前，或预计企业可于近期上市时。——编者注

但 2018 年创造了中国互联网的另一个纪录：诞生上市公司数量最多的一年。到 8 月已经上市 11 家，足以秒杀过去 10 年中任何一年的数量。

与此同时，在 2018 年 8 月已经上市的 11 家公司中，有 6 家公司先后出现破发（股价跌破发行价）。显然，这也是一个纪录。

一方面，"独角兽"物种呈现濒临灭绝的趋势；另一方面，在它们回归大自然（IPO）之后，野外生存能力依然令人担忧。换句话说，"独角兽"在一级市场里越来越不好生存，在二级市场同样获利甚微。

谁最着急？当然是 VC。一、二级市场同时出现堵塞，相当于资本的退出机制出了故障；对于 VC 来说，没有退出（或者叫没有通畅地退出），就意味着这个生意没有闭环。没有闭环的生意，谁还愿意做？

根据投中研究院数据显示，2018 年第一季度，中国 VC/PE 募集基金的规模和数量大幅下降，规模同比下降 74.85%，数量同比下降 54.82%。

这个趋势当然有全面去杠杆化的大背景，导致一级市场的募资越来越难。但不可否认的是，随着大部分风口，特别是伪风口的退潮，"裸奔"的 VC 越来越多。以共享单车为例，仅仅 ofo 和摩拜两家公司就撑起了一个仅次于网约车的超级风口，"烧钱"数十亿美元。

但摩拜被美团收购之后，还有哪位早期投资者愿意像两年前那样对它那么上心？据说，"独角兽捕手"朱啸虎是从 ofo 获利较多的早期投资人，其转卖给阿里巴巴的股份也不过 3 000 万美元；而在通常情况下，LP 还要拿走这 3 000 万美元中的 80%。经 ofo 一战，朱啸虎的所得估计都没有从拉手网获得的优先清算权划算。

在过去 5 年，中国 VC 行业的繁荣离不开流动性过剩的背景，但这只是一个方面。上游资本的充裕，必然与下游退出通道的拓宽有关。我之前写过一篇文章，说阿里巴巴是"中国西湖版纳斯达克"。

其实阿里巴巴仅仅是其一。如果把巨头们看作一级市场的最终接盘侠，那目前中国有"四大股权交易所"：腾讯、阿里巴巴、小米公司和百度。腾讯倾向投资与电商相关的"独角兽"，阿里巴巴倾向收购与流量相关的"独角兽"，小米公司倾向布局智能生态链，百度倾向 AI 领域。新三板、创业板、中小板没有做到的事情，BATM（百度、阿里巴巴、腾讯、小米公司）做到了。它们才是过去 5 年 VC 行业真正的"衣食父母"。

但对于 VC 来说，好日子已经到头了。第一，巨头已经占领了该占的山头，也进了该进的风口。接盘侠也有自己的运营周期。第二，在过去一年中，"四大股权交易所"的市值（估值），始终稳定在一个常态区间内，比如 A 和 T，市值始终在 4 500 亿~5 500 亿美元；小米公司目前的市值，与两年前的估值大体相同；百度则是一直在 800 亿~900 亿美元徘徊。

巨头们不是没钱了，而是要把钱用到该用的地方，比如新零售、AI 等新一代风口。这些风口与以往的风口最大的不同，就是巨头们不再花钱买，而是自己干。想象一下纳斯达克开 7-11 便利店、做"无人驾驶"。

情况一目了然：中国一级市场的"大盘指数"已经很稳定了，你还怎么打新股？如今，腾讯和阿里巴巴的投资部门的工作强度，肯定也没有前几年那么强。可以预见的是，未来一段时间 to AT 模式的主要表现，可能就是腾讯与阿里巴巴两个投资部门的员工互相跳槽，从而佐证市场还有"流动性"。

新老 VC 现在面临的退出环境，应该是过去 10 年当中最艰难的时刻：二级市场受全球贸易争端的影响，不得不发动马云、马化腾这样的"高端散户"来捧场；一级市场受"马爸爸们"自身战略和资源的影响，不得不提前关闭，退出窗口。真正的"前不着村，后不着店"。

有人说 2018 年是"独角兽"快速消亡的一年，如果这个判断成立，那最先消亡的也不是"独角兽"，而是 VC。来自胡润研究院的报告显示，在中国投资"独角兽"数量最多的 10 家机构中（包括腾讯和阿里巴巴），成立时间最晚的是顺为资本和真格基金——都是在 2011 年成立的。其他 8 家都成立于 2010 年之前。而中国 VC/PE 的总数量，早就过万家了。这个行业不是"二八法则"，是 0.01 与 9.99 的法则。

过去 5 年，VC 行业的风光无限，本质上是来自巨头的垄断红利，当这种红利由外部转为内部的时候，也就意味着 to AT 模式的终结。其实 VC 行业不是"尽"了，而是真正要"从心"了。

第 **10** 章

融资的最佳时机

"资本寒冬"的时候,创投圈流行一种说法,"A 轮死":如果说天使轮是对人的认可,拿到 A 轮则体现了对模式的认可,所以对于很多创业者而言,A 轮是一道生死关。后来又繁衍出"B 轮死""C 轮死"等多种升级版"死法"。大致是说,每个融资阶段都会淘汰一大批创业公司,能够融资的是极少数,绝大多数会在某个阶段止步不前,甚至被淘汰。

但仔细想想就会知道,这个总结其实并不具有多大的实际意义。创业永远是九死一生的事情,成功总是小概率事件,在哪个阶段"死",都再正常不过。

被淘汰是常态,而谁先被淘汰则是特例。前段时间有一张图在朋友圈被刷屏,总结了 2010 年以来的各大风口。如果对着每年的风口去找,你会发现真正走到最后的公司,几乎都不是最早成立的,甚至不是最先拿到 A 轮投资的。

起大早却赶晚集,这是每一个风口背后的"玄学"。

先说团购。2010 年 3 月,美团和拉手网上线的时候,窝窝团已经完成了数千万元的 A 轮融资。到 6 月，拉手网也拿到了金沙江领投的千万美元投资。而美团的 A 轮融资，要到当年 10 月才完成。

另一家靠团购起家，后来被百度收购，今天仅次于美团的团购"老兵"糯米网，则是在拉手网完成 A 轮融资的时候才刚刚成立。

换句话说，在中国团购领域经历了"千团大战""万团大战"之后，笑到现在的知名公司，竟是拿到 A 轮投资最晚的美团和成立最晚的糯米网（糯米网目前只能算"微笑"）。高举、高打的窝窝团虽然上市了，但市场地位早就没了，拉手网也是如此。

再说垂直电商。如果说 2013—2015 年的"资本泡沫"和"资本寒冬"主要是 O2O 造成的，那么 2009—2012 年的大风口则是属于垂直电商的。当然，"泡沫"和"寒冬"也属于它。

当年的垂直电商主要是围绕女性用户做文章。这又分两类：女装和女性化妆品。卖女装的，成就了著名的唯品会；卖化妆品的，成就了陈欧和他的聚美优品。不管两家公司经历怎样，都是率先上市的，目前的市场地位依然有保障，但这两家公司都不是各自领域最先成立和最先拿到 A 轮投资的。

唯品会现在的模式是名品特卖，其实它最早是从奢侈品切入的。当时这个领域也是一个风口，出现了很多创始人，他们都是见过世面的，不仅适合做这个生意，融资也非常顺利。

唯品会是在 2010 年 12 月拿到红杉中国和 DCM（数据通信模

块）的 2 000 万美元投资的。在它之前，一家叫尚品网的网站刚刚上线就拿到了雷军和晨兴资本的 A 轮美元投资；而另一家叫佳品网的公司，在唯品会完成 A 轮融资之前半年，就已经拿到了两轮投资。

与唯品会一样在广州、同样主打女装品类的梦芭莎，不仅成立时间比唯品会早两年，融资更是又快又早。尽管梦芭莎一直在按照自己的逻辑生存，但这些并没有让它走到唯品会前面。

如今的陈欧总是以"高富帅"的形象示人，但回到 2010 年刚刚创立聚美优品的时候，他在最强的竞争对手、乐蜂网创始人李静面前，平民感十足。

2008 年李静拿到红杉中国数百万美元 A 轮融资的时候，陈欧还在斯坦福读 MBA（工商管理硕士），而那时的李静不仅是小有成就的创业者，还是全国知名的主持人，论为自己代言，李静是陈欧的前辈。

2014 年聚美优品在美国上市；同年，乐蜂网被唯品会收购。美妆电商迎来"一家独大"的局面。

打车软件可能是到目前为止最大的一个风口。如果说美团是把竞争对手一个一个拖垮的，滴滴出行则是通过"血淋淋的战争"将对手一个一个灭掉的，合并快的打车、收购 Uber（中国），背后的"战争"相当残酷。

但滴滴出行不是最早的打车软件，融资也不是最早的。它于

2012 年春成立，7 月拿到了王刚的天使轮投资，12 月拿到了金沙江的 A 轮。至少从融资的角度来看，这是中规中矩的一年。

纯打车软件领域最早的公司叫摇摇招车。2012 年 4 月，摇摇招车获得了来自红杉中国和真格基金的 350 万美元的 A 轮融资。而此时滴滴出行刚刚成立，还没拿到天使投资；快的打车还没有成立。

如果把视角放宽，从打车软件到网络约车，比摇摇招车还早的其实是易到用车。2011 年 8 月，易到用车获得了来自晨兴资本和高通的数千万美元的 A 轮投资，此时程维还是阿里巴巴"中供系"的一位"地推"人员。

真正成就了"逆袭"风口的是资讯。资讯在中国一直是一个门槛极高的行业，PC 时代的三大门户，都是经过"先斩后奏"式的发展来奠定自己的地位的。

到 2010 年前后，门户依然相信，这是一个需要采编精英的行当，是需要资本长期投入的行业。所谓迎接移动互联网，不就是把 PC 的内容放到手机 App 上吗？

2012 年，今日头条上线的时候，网易新闻客户端、搜狐新闻客户端至少已经做了一年。当时今日头条在各大门户的编者眼里，根本就是"看不上"，连"看不懂"都不算。

但到今天，你能看到几乎所有来自巨头的新闻客户端，都在学习今日头条的机器算法、智能推荐。而此时，它们已经被今日头条远远地抛在身后了。

脸书不是最早的社交网站，苹果公司不是最早的手机厂商，腾讯不是最早做"山寨"ICQ（最早的一款即时通信软件）的中国公司，百度不是中国最早做搜索引擎的公司……

为什么总是后来者居上？

时机很重要。从 2012 年成立到 2013 年，滴滴出行都不是其领域绝对的老大，它顶多算是与快的打车在内的一批友商共处第一阵营。差距是怎么拉开的呢？

2013 年 4 月，也就是滴滴出行创立一周年的时候，它拿到了来自腾讯的 1 500 万美元的投资。这个金额无论是放在当年还是现在，都是有点儿拿不出手的 B 轮。但它对于滴滴出行，以及整个行业来说，却具有决定战局的影响。

8 个月之后，微信推出红包，"红"遍了 2014 年的春节。就在红包功能推出的前一个月，腾讯投了 1 亿美元的 C 轮给滴滴出行，二者算是彻底绑定了。之后，微信通过红包打通了微信支付，而滴滴出行通过微信支付拿下了整个市场。

有人乱花钱，有人不敢花钱，有人会花钱。摇摇招车创始人王炜建后来总结"起大早却赶晚集"的原因时，有一句话让人印象深刻："如果我当时投了 1 000 万元……"

当时的摇摇招车不是没钱，而是已经拿了红杉中国和真格的两轮投资，但只能眼睁睁地看着滴滴出行等一批后起之秀把市场做大。

易到用车犯了同样的错误。正值打车补贴最疯狂的时候，周航犹豫的是要不要跟进。这一犹豫不要紧，错过了一个时代，即使后来再追，也没有意义了，只能让乐视收购，也就有了后来的故事。

王炜建和周航有一个共同点：二人都是传统行业出身。传统行业的特征是，一手交钱、一手交货，什么是补贴、"烧钱"？你的"基因"决定了你人生每一次的重大选择。

一个反例是，王兴和美团能笑到现在，则源于不"烧钱"。

为什么？因为团购行业的消费场景是固定的，即蓝色港湾有多少餐馆、北京市有多少家电影院在短期内是固定的，连接它们与消费者的本质是服务，而服务则需要慢工出细活。这是与其他标准化服务（比如打车）最大的不同。

敢不敢花钱、会不会花钱，是一门艺术。

2018 年年初以来，先后诞生了两个超级大风口：共享单车和共享充电宝。翻看这两个风口的融资历史，有一个很有意思的现象，就是公布融资新闻的时候，几乎都是同时公布的。

像共享充电宝，在 4 月初的一周之内，至少有 5 家公司宣布获得融资（基本都是 A 轮）。

共享单车从一开始主要是 ofo 和摩拜两家在竞争。和以往的赛道相比，这个领域是风口出现之后才有众多跟随者的。但这个生意是好生意，无论最后剩下的是一家还是两家，都有得赚。

第 11 章

大玩家的打法

先看一段绕口令。

高瓴资本是美丽说和蘑菇街的股东，是滴滴出行和 Uber 的股东，是京东和腾讯的股东。

红杉中国是美团和大众点评的股东，是唯品会和乐蜂网的股东，是京东和阿里巴巴的股东。

腾讯先投的大众点评，又投了合并后的新美大；先投了美丽说，又要投合并后的蘑菇街美丽说；腾讯和高瓴资本先后投了滴滴出行。

红杉中国投赶集网，腾讯投 58 同城；沈南鹏是携程的联合创始人和股东，高瓴资本是去哪儿网的股东；红杉中国是京东和途牛的股东。

腾讯、红杉中国、高瓴资本同时又是京东、美团、美丽说的股东……

没错儿，近 10 年，中国离钱最近、最受资本追捧的两条赛道——电商和 O2O，基本就是上面三家的天下，我们暂且称之为

"高红腾"。

中国互联网的几乎每一次重大行业并购，都能看到高瓴资本、红杉中国和腾讯的身影。无论是之前的乐蜂网与唯品会、赶集网与 58 同城、大众点评与美团、去哪儿网与携程，还是最新的蘑菇街和美丽说，高瓴资本、红杉中国、腾讯就像三颗色子，掷来掷去，跳不出这三家。

你可能会说，百度和阿里巴巴的投资数量和规模绝不亚于上述三家。的确如此。但就投资风格而言，百度和阿里巴巴更偏向控股型投资或收购，比如糯米网、91 助手之于百度，高德、UC 之于阿里巴巴。

虽然同为 BAT，但腾讯没有采用这个策略。无论是京东、58 同城、美团，还是美丽说，腾讯都是投资，而不是据为己有。从这个角度讲，它与高瓴资本、红杉中国这些纯财务投资者更像。

更重要的是，"高红腾"对消费升级的押注决心要远远强于百度和阿里巴巴。什么和消费升级相关？就是电商 + O2O。阿里巴巴因为有电商的强大"基因"，更多的是关注对其有直接威胁的对手，比如京东；百度没有电商"基因"和 O2O"基因"，本该起步最早、决心最大，但等反应过来，地盘都被别人抢完了，只能硬着头皮自己上。

把高瓴资本、红杉中国和腾讯放在一起，并没有"阴谋论"的意思。只能说，这三个巨头对趋势的把握能力和对节奏的掌控能力，不能不让人内心泛起"阴谋论"的感觉。

最关键的是赌赛道。红杉中国以押注赛道闻名。腾讯则是缺什么就补什么，所以京东、58同城、滴滴出行自然不在话下。至于高瓴资本，这家曝光率不高、一二级市场通吃的基金，不仅在互联网领域追求赛道，就是在传统行业，也用类似的打法：先后投资了格力和美的集团。

沈南鹏曾解释说，红杉中国的很多投资并不是一开始就要建赛道，比如投资大众点评和美团的时候，两家根本没有直接的竞争，是市场形势的变化让它们"越来越像"的。

押注赛道的本质就是追求垄断。硅谷"大神"彼得·蒂尔在《从0到1》[①]中说，只有垄断，才能给企业带来利润最大化。但彼得这里说的垄断是指互联网公司，而不是VC。

我曾听到一个故事说"高红腾"中的某一家投了一家垂直电商（不是蘑菇街或美丽说）之后，又去找这个领域的另外一家同量级的公司，但最后被拒绝了。这个创业者给出的反馈是：在一个垂直领域怎么可能同时投资两家？

当然，投资就是生意，做生意的目的就是赚钱，替LP赚钱。从这个角度讲，"高红腾"赌赛道的做法是天经地义的。

问题是，我们一向自诩为竞争最自由、最充分的中国互联网

---

① 《从0到1》中文版已由中信出版社于2015年出版。——编者注

行业，决定行业走势的是资本，而不是创业者。这究竟是对互联网精神的发扬光大，还是"变相管制"？

从2010年前后电商泡沫出现之后，资本在中国创业市场的助推作用不断增强，而且确实对于中国创业环境的改善、创业生态的形成产生了巨大利好。但也带来一个副产品：以资本论英雄，谁融了多少钱？谁的补贴多？谁的估值高？

片面强化资本的作用，让创业者陷入了为了融资而融资、为了"烧钱"而"烧钱"的恶性循环。最后，即使谈判桌上的投资人已经投资了竞争对手，也不得不谈下去。至于对方以后是否会成为门口的"野蛮人"，根本来不及想。

近两年为什么会有这么多合并？归根到底，是因为这些表面风光的"独角兽"一直追求的都是to VC模式。融资、"烧钱"、圈用户：早上有从回龙观出门的，有从燕郊出门的，有从石景山出门的，但到最后都堵在了国贸。怎么办？只能合并。

to VC模式的结果，就是大家几乎没有赚钱的。不赚钱的公司就没有议价能力，就得听投资人的。投资人关心的是体量和市场规模，而不是用户需求。所以我们看到，在中国，几乎每一条互联网的赛道，都有至少两家"长得"一模一样的公司，因为很多时候，投资人就"长得"一模一样——至少他们追求的东西是一样的。

而当创业者陷入万劫不复的资本旋涡之中的时候，就没心思谈创新了。之前我与美丽说、蘑菇街的人都有过接触，感觉除了在媒体上比拼融资能力，两家的公关都非常在意对方的一举一动，甚至经常向媒体打听对方又写出了什么稿件。

"我的眼里只有你。"说的就是这种竞争态势。常有人把中国互联网的竞争比作战争，但问题是，真正的战争是有战利品的，至少是枪械。但互联网"独角兽们"的"战争"是即使一时通过"烧钱"吸引了用户，很快又会抛弃用户。因为接下来的竞争对手更能"烧钱"。

当"烧钱"成为主业，创新就会沦为副业，甚至"待业"。这么多年，美国的企业一个浪头接着一个浪头发展，层层迭代；而中国，始终是 BAT。这在很大程度上归结于资本主导型的创业生态，而不是创新主导型的创业生态。

资本主导型创业生态的危害在于，它让创业者几乎在一夜之间上天或入地，扭曲了成功与失败的本来意义，让一切都变得不再真实。

其实，我国之所以会出现押注赛道的局面，就是创新不足造成的。本来赛道就少，钱多人少，所以拥挤。而这又反过来进一步造成了创新不足，投机有余。

持续"烧钱"，赛道就会被越烧越窄。当双车道被烧成单车道的时候，驾驶员实际上已经换成了资本。硅谷的创业者负责改变世界，中国的资本负责合并赛道。

"资本大鳄"对同一个赛道合并同类项，也不全是坏事，至少能解放一部分优质的创业者，让他们能更从容地做一些事情。比如，张涛、庄辰超、徐易容，应该都不会闲下来。前面有王微带路，做点儿有技术含量的事情，至少对提升中国创业生态的水平是有好处的。

第 12 章

红杉资本：赛道领跑者

2010 年秋，唯品会终于拿到了 DCM 的 A 轮 TS（投资协议条款清单）。在此之前，经纬中国、北极光创投先后拒绝了这家做服装特卖的网站。阿里巴巴的创始成员、天使投资人吴炯也拒绝了这家网站。

不过，唯品会创始人沈亚觉得没关系，有一家机构进来就行。他和搭档洪晓波都是做传统生意起家的，即使花自己的钱，也花得起，何况还有著名服装品牌欧时力（ochirly）创始人徐宇的支持。他们三个都是温州人，也是长江商学院的同学。

在与 DCM 正式签约的前几天，沈亚接到了红杉中国创始合伙人沈南鹏的电话。此前红杉中国已经了解过唯品会，当时有所犹豫，如今眼看它要被 DCM 抢走，只能请沈南鹏救场。沈亚非常有礼貌地告诉电话另一头的沈南鹏，我们已经谈好了，这一轮可能就不需要那么多钱了。

"沈总，现在做这个领域的不止你们唯品会一家，红杉中国肯定是要投的，不投你们，也会投别人，何必呢？"沈南鹏语气平和，但沈亚听出了杀气。做传统贸易出身，出过海，风里来雨里去，沈亚见多识广。但他没想到书生气十足的沈南鹏说话竟如此犀利。

沈亚不得不从。在唯品会完成这笔交易之前，与它同属一条赛道的尚品网和佳品网都完成了 A 轮融资，同在广州的女性垂直电商梦芭莎比唯品会成立更早、融资更快。唯品会面临什么处境，沈南鹏心知肚明。沈亚知道的是，红杉中国一定要拿下唯品会；不知道的是，红杉中国其实是想拿下垂直电商的整条赛道。

唯品会并不是红杉中国的第一个电商"猎物"，抛开更早的麦考林不提，在投资唯品会的前一年（即 2009 年），红杉中国就已经至少投了 3 家公司：乐蜂网、好乐买和玛萨玛索。而在最终入股唯品会之后的半年内，红杉中国又相继投资了聚美优品和美丽说。

2009—2011 年，红杉中国几乎投资了中国所有的垂直电商，这条赛道有两个特点：一是以女性用户为主，二是彼此之间的流量转换相对容易。第一个特点决定了第二个特点，第二个特点才让所有人进入赛道竞争变得有实际意义，否则也就没有后来的乐蜂网被唯品会收购的事件了。这是看得见的交易结果。看不见的是，好乐买、蜜芽都曾传过被红杉中国的其他证券投资组合收入囊中的新闻。近水楼台先得月，是赛道哲学的核心。

在某种程度上，红杉中国能有今天的地位，垂直电商立下了汗马功劳。唯品会和聚美优品先后赴美上市，作为这两家公司的A轮投资人，红杉中国显然获益颇丰。美丽说与蘑菇街合并，并引来腾讯的巨额投资，使得红杉中国至少在账面上赚到了。乐蜂网被整合进唯品会，红杉中国至少没赔。好乐买早就投靠了腾讯，蜜芽投靠了百度……有BAT巨头的后续接盘，红杉中国当然不用过于操心。

今天看来，与其说红杉中国投中了赛道，不如说它押中了风口。这个风口可能是过去10年中国最大的一个创业风口：互联网流量从PC端到手机端的迁移。

2009—2011年，京东还没有壮大起来，且正在为最关键的C轮融资忙碌，阿里巴巴（淘宝）正为移动互联网带来的用户新体验而焦虑，根本没精力防范蘑菇街、美丽说等一众"淘宝客"的成长。

流量入口在变，巨头无暇分身，给了众多垂直电商成长的机会，但垂直电商并不是这个风口上最大的受益者。真正的大赢家是O2O。到今天，在中国估值过百亿美元的4个"超级独角兽"中，两个半是O2O，即美团、滴滴出行和小米公司。红杉中国同样没有缺席。

2010年上半年，团购突然像近期的共享充电宝一样成了明星风口，此时拉手网和窝窝团已完成A轮融资，美团刚刚拿了"天使"。有一天，王兴接到红杉中国董事总经理计越从上海打来的电话，他询问了美团的一些情况，然后就没消息了。又过了一段时间，红杉中国常驻香港的董事总经理孙谦打来电话，说要到北京见一见王兴。见面之后，很快就敲定了投资。

王兴后来说，他也不知道为何计越那边就没消息了。王兴这么聪明，当然知道，只不过他没说破：到 2010 年，红杉中国已经投了两轮大众点评，并在 2011 年继续跟投 C 轮，而计越一直都是大众点评的董事。后来，赶集网赶团购的风口做 C 轮融资，红杉中国领投，负责人同样是计越。一个人的精力有限，这时就需要孙谦来解围。王兴懂这一点，沈南鹏更懂。

沈南鹏说，红杉中国不是有意投赛道，赛道都是后来自然而然形成的。这句话一半对，一半不对。对于早期 VC 来讲，在整条赛道、整个风口还处于 A 轮阶段的时候，敢于进赛道还是需要巨大勇气的。这时赌的不是车手，而是基本面——车手错了，就相当于陪玩儿，基本面错了，就是路线错误，而路线问题是"革命"的根本问题，谁也担不起这个责任。最大的投资回报从来都是基于最大的风险产生的。

不对的一面在于，红杉中国的赛道哲学其实是从一开始就成立的。我在《王兴式宿命》一文中说过：2005 年 12 月，红杉中国找王兴的校内网的时候，已经敲定了对庞兴东的"51"的投资。而在与王兴接触的同时，红杉中国还在积极接触张帆的占座网，并最终投资后者。这是红杉中国刚进入中国互联网的年代，风口、赛道还未成为概念，但红杉中国已经践行了。

如果上述事实还不具有说服力，那就看看下文吧。当团购战场拼得差不多的时候，王兴要考虑的是接下来要怎么走。哪个战场距离团购最近、最适合美团近地俯冲呢？当然是外卖。从 2013 年夏开始，美团上下就把外卖之战视为又一个"上甘岭"。当年 11 月，美团外卖正式上线……

那么，当年 11 月的中国创投圈还发生了什么呢？在众多 O2O 融资新闻中，有一则被很多人忽视但对日后整个战场走势影响巨大的新闻："饿了么"完成 C 轮融资，红杉中国第一次进入并领投。在 2013 年的天蝎月（指 10 月下旬至 11 月下旬），红杉中国一手黏住了后来中国外卖市场的"双子星座"。

至此，左手垂直电商，右手 O2O，红杉中国在过去 20 年中国最重要的三条超级赛道中，完成了其中两条的布局（剩下的那条赛道是社交）。后来，赶集网与 58 同城合并、美团与大众点评合并，乃至去哪儿网与携程合并，背后都有红杉中国的身影。在沈南鹏迎来人生巅峰的同时，游戏规则也开始发生改变。

所谓下注赛道，就是在一个创业方向上，投资其中最有可能成功的创业者，有时是一个，有时是三个，有时是五个，即通过买下车手实现垄断赛道的目的。当 BAT 自顾不暇的时候，这是红杉中国屡试不爽的方法；但当 BAT 开始向 AT 过渡，并且 AT 终于可以腾出手来亲自下注赛道的时候，老办法就不灵了。

红杉中国对垂直电商、O2O布局伊始,市场上的规则还是to VC,红杉中国早期会投很多种子选手,毕竟总有一个能上市,因为这时的赛道相对来说资本分布比较均匀,"独角兽"不存在"暴饮暴食"的问题。但当AT进来,资本的使用规模和使用效率会接近于无上限。在没有彻底统治赛道之前,谁也不敢IPO,只能将创投模式由to VC变成to AT。因为再好的车手、再多的车手,归根到底还是AT的。

所以,与其在不确定的早期投遍赛道,不如搭AT的顺风车,跟着巨头走,旱涝保收。而搭巨头的顺风车,就意味着要放弃把早期投资作为自己唯一的铁律,即从VC往PE转。

2011年,当红杉中国在垂直电商赛道"遍地开花"的时候,它并没有把所有的钱都放在一个叫A轮的篮子里。在前一年错过京东的C轮之后,红杉中国跟投了京东的D轮,比腾讯进来得还要早。一家VC,投出了一家PE的姿势,这是沈南鹏和红杉中国的重要转折点。

而在2013年错过了今日头条的B轮之后,红杉中国在2014年以更高的价格投了今日头条的C轮。在2014年阿里巴巴上市之前,红杉中国甚至也跟投了一次中国互联网史上最大的IPO。这时的红杉中国,已不再是那个赛道种子选手VC了,而是一家"不管贵否,只投最好"的PE。

所以我们看到,过去三年中国最大的一条赛道——共享经济,

无论是网络约车还是共享单车——红杉中国都没有在早期就全面
进入赛道。虽然它很早就投了摇摇打车，但仅此而已。目前红杉
中国的官网上的证券投资组合上有滴滴出行和摩拜，但这两家都
是红杉中国在 AT 入场之后才进入的。

就广义投资而言，二级市场是用理性解锁确定性，一级市场
是用非理性解锁不确定性。但中国的一级市场投资正在走向二级
市场化：投早期，"吃相"好看，但风险大；投中后期，"吃相"
一般，但收益稳定。投资的本质是用便宜的钱买下不便宜的资产，
而不是"吃相"问题。2010 年的沈亚懂这一点，2017 年的沈南鹏
更懂。

新老巨头的进化

英国哲学家以赛亚·伯林曾根据哲学坐标把历史上的伟人分为像狐狸的一类和像刺猬的一类。"狐狸"是一种去中心化的生存方式，"刺猬"则是一种中心化的生存方式。但无论属于哪一类，这种划分都是基于思维认知层面的不同。

则

第三部分

第 **13** 章

历史的金线：中心化

和朋友聊天，发现身边投身区块链创业事业的人越来越多了，不亚于"双创"最火的时候下海创业的勇士们。至于一直炒币的朋友，更是数不胜数。据说加入"链圈"或"币圈"的人，首先是基于某种信仰，没有信仰的，也会临时"下载"信仰。

这种信仰叫去中心化。中心化意味着权力的集中，去中心化意味着分权、平权。

互联网圈从来不缺信仰。2004 年，"长尾理论"诞生在大洋彼岸；2005 年，"威客"（Witkey）一词伴随 Web 2.0（第二代互联网）在中国互联网创业群体中走红；2006 年，捧红过"长尾理论"的美国《连线》（*Wired*）杂志又推出了"众包理论"。碰巧的是，这几套理论的产生，都有去中心化的背景：互联网垄断尚未产生，大、小互联网公司都处于原始积累的阶段，流量和入口还未产生"马太效应"，UGC（用户原创内容）备受关注，流量还没有成为"韭菜"。

现在想想，那 3 年其实正是互联网去中心化最凶猛的年代：

中国的互联网三巨头还没有形成，美国的互联网巨头还可以在中国自由行事。那个年代的互联网不仅是去中心化的，而且是真正的全球化。互联网生产要素（技术、模式、流量）的流动，几乎没有边界，否则也不会有 Copy to China（复制到中国）模式。

今天的很多二线互联网小巨头，都是 2005 年创立的：奇虎360、YY（欢聚时代）、58 同城（赶集网）、汽车之家、土豆网、去哪儿网（旅行网站）……这些公司又都是在 2010 年之后上市的。也就是说，这中间它们经历了五六年时间的野蛮生长。

那么，这五六年发生了什么呢？ BAT 开始形成，并且 BAT 在这个过程中，与美国互联网巨头竞争：腾讯与微软（MSN）在社交战场竞争，百度与谷歌在搜索战场竞争，阿里巴巴与 eBay 和亚马逊在电商战场竞争。就像抗战一样，如今的天下，是 BAT 从"帝国主义"手里"抢"来的。

更有意思的是，那也是 BAT 之间斗得最直接、最惨烈的年代。仅腾讯一家，就猛攻过电商和搜索两大赛道。阿里巴巴也曾因腾讯涉足电商领域而投资游戏。

内战也好，外战也罢，市场经济的竞争法则从来没有变过。

2010 年，"3Q 大战"的爆发把中国互联网充分竞争的状态推向最高潮，这个时候大家才发现，充分竞争的终极结果就是优胜劣汰。按照市场经济的解释，这是追求垄断的必然结果，但其实这也是巨头走向中心化过程中的揭幕战。

很多人把"3Q 大战"的原因归结为周鸿祎的好斗，但在今天来看，当时即使不是周鸿祎，也会有李鸿祎、张鸿祎出现。大战爆发的前几个月，一篇名为《"狗日的"腾讯》的文章刷遍互联网，文章直指腾讯的业务无处不在。刚刚创立美团的王兴激愤地说：有什么业务是腾讯不做的吗？

根据经济学理论，衡量一种体制是计划经济还是市场经济，关键看是"大政府"还是"小政府"。中国过去 40 年的改革动力，本质上都源于"大政府"和"小政府"之间的博弈。这里面的复杂性在于，你很难把今天的局面（成绩）简单地归结于"大"或"小"。

互联网行业最早在中国属于财富创造的"蛮夷之地"。2005 年，互联网创业又一次达到高潮，这时我问一些创业者（既包括精英，又包括草根）：为什么选择互联网这个行当？很多人的回答都是：因为在中国，互联网是一个充分竞争的领域，很少被管制。

而且从某种程度上说，中国互联网能走到今天，还要感谢"计划经济"。2000 年互联网泡沫破裂之时，中国诞生了一家新央企——从中国电信分离出来的中国移动。中国移动当年通过短信增值服务帮助腾讯、网易等中国第一代互联网公司渡过了难关。

2017 年，联通混改，腾讯、阿里巴巴、百度、京东等互联网巨头投资了近 800 亿元入股，占据了董事会半壁江山。当年，腾讯每月 200 万的收入几乎全部来自中国移动；今天，腾讯、阿里巴巴的市值已是中国移动的近 3 倍。2000 年,运营商救了中国互联网,18 年后,中国互联网报恩运营商。这是市场经济的威力,还是计划经济的福分?

在互联网行业中,今天的腾讯、阿里巴巴就是昨天的中国移动、中国联通。以中国移动为例,它当年的成立就是为了应对中国加入 WTO(世界贸易组织),这是中国对外开放的一次政策落地,是计划经济送给市场经济的"见面礼"。后来无论是短信增值服务的开通,还是移动梦网的推出,都在计划之内、安排之中。

而早期的互联网创业公司,是没有政策(战略)的,只有业务(产品)。QQ 是马化腾误打误撞做出来的;在淘宝之前,马云做的是 B2B 的业务;在百度搜索上线之前,李彦宏可以说是一家外包公司的"小老板"……他们都是先找到一个市场需求点,然后集中开发产品,最后才在市场上占有一席之地。

过去 20 年,互联网创业最重要的原则就是"单点突破"。这条"铁律"在巨头尚未形成绝对垄断的年代,是行得通的;但到了 AT 无处不在的时代,其价值与合理性则需要被重新评估了。

首先,互联网的各个细分领域的创新、创业,已经很难逃离巨头的业务范围了。如果说 QQ 是在没有巨头的年代诞生的一株野蛮生长的绿萝,微信就是巨头垄断时代通过"人工受孕"而催生的一朵仿真玫瑰。要知道,算上张小龙团队,当时腾讯内部至少有 3 个项目小组在做微信的工作。眼界和资源强如雷军,也仅仅做了一个"米聊"（米聊 App，后文简称"米聊"），最终也输给了微信。

其次，互联网创业已经从"单点突破"过渡到"布局"的时代。很多人不喜欢"布局"二字，并且还很迷恋寻找用户痛点的时代。但可以说，小米公司的生态链也是布局，小米公司的新零售也是布局。布局需要有更好的人才、更强的资源、更多的资本，很多事情甚至是国企、央企都不敢想、不敢做的。从本质上来说，"单点突破"是一种后发制人的跟随策略，而布局则是先发制人的主导战略。当资源、人才、资本越来越向巨头（如 AT）集中的时候，"单点突破"更像消遣时光的下午茶；抢占赛道、拿下风口才是真正的饕餮盛宴。"二马"（马云、马化腾）不惜斥巨资狂攻线下零售渠道，一环套一环，这不是单点突破。2016—2020 年是中国的第十三个五年规划时期。而现在的新零售之战、AI 之战，就是巨头们的"五年计划"，这需要巨头们举全公司、全社会之力"布局"。靠几个人的项目小组做出一个与微信同量级的产品，是不可能再发生的事情了。

一个有意思的现象是，中国近一两年上市的互联网公司的市值都不高，即便刚开始很高，也慢慢在下跌，反倒是没上市的"超级独角兽"的估值越来越高。为什么？因为这些独角兽所处的赛道足够宽、足够长，是巨头们的必争之地。没人抢的地盘都是"单点突破"，蜂拥而至的赛道都是布局。

"单点突破"是对当下机会的选择，布局是对未来机会的全面把握。如今连互联网第二梯队中的公司都在对未来进行布局。因为当下的机会已经被瓜分殆尽，没有单点可以突破。

共享单车刚开始属于"单点突破"，但随着巨头们的入场，这一领域已经变成了一个局中局。就像当年的深圳，改革开放之前是一个小渔村，改革开放之后，角色和地位就彻底变了。

阿里巴巴投资 ofo 后，又投资哈罗单车；滴滴出行投资 ofo，又开发自己的共享单车。在市场经济里，这叫"充分竞争"；但在计划经济里，这叫"重复建设"。

腾讯和阿里巴巴目前的市值之和不到 1 万亿美元。同时，2012—2017 年的 5 年时间里，腾讯的对外投资总额为 625 亿美元，阿里巴巴为 419 亿美元，这意味 AT 能撬动的资本极大。

从 AT 目前分配资本、调动资源的能力来看，它们就是中国民间的"发改委"，而且这种能力正在力求打通线上和线下，有点儿"东部扶持西部""先富帮后富"的意思。

20 年前，所有人都认为互联网会是一个自由、开放、平等的去中心化的世界，那里面没有管制，能自由竞争。20 年后，我们发现，互联网行业完全是中心化的了。

在过去的 100 年里，最厉害的去中心化就是全球化，主权在手、自由贸易、文化多元……但在今日的世界，中美两国 GDP（国内生产总值）之和就已经占世界 GDP 之和的 40%。所以，无论是全球化，还是互联网，早期都曾打着去中心化的旗帜，最后却都避免不了中心化、寡头化。

区块链的出现被认为是又一个去中心化、去 AT 化的历史性机遇，而且是一"去"不复返，大有把互联网世界推倒重来之势。

但区块链不是上帝，其发展多少都会受到政府管控。而且，目前区块链在中国，不是被当作改变世界的技术，而是"圈钱"的工具。很多人都在抢占舆论的制高点，以区块链之名，行炒币之实，做的还是个人流量生意。

所以说，在自己被"割"之前把别人"割"了，应该是目前"币圈"从业人士最现实的选择了。

第 14 章

丢失的江湖：从 BAT 到 AT

2010 年，腾讯市值突破 400 亿美元，当时阿里巴巴（淘宝＋天猫）的估值是 200 亿美元左右，前者不及目前的滴滴出行的估值，后者与现在的美团的估值相当。

8 年之后，当腾讯、阿里巴巴的市值相继进入 5 000 亿美元的高位之后，这两家巨头参与投资的互联网公司的总估值（市值），都已经超过千亿美元。在国内 App 排行榜上的前 20 个头部应用软件中，至少有 15 个 App 是 AT 自己的，或者是 AT 投资的。

仅仅靠副业投资，AT 过去 8 年挖掘的财富总值就超过了 2000—2010 年间中国所有互联网公司的市值总和。

王兴说，中国移动互联网的下半场开始了。那么，上半场发生了什么？上半场最大的战果，就是形成了两极格局：腾讯、阿里巴巴。

AT 的强大，并不是单纯地体现在创业公司里。投资也好，控股也好，在 AT 和创业公司之外，还有一支第三方力量，这就是 VC。如果把中国目前的创业生态看作一条产业链，AT 对这条产业链的影响是全方位的，不仅包括创业公司，还有创业公司背后的各路 VC。

当年谷歌被各国政府做反垄断调查，是涉嫌市场份额的垄断，而 AT 是对创业生态的垄断：过去 7 年，几乎在每个风口，最终的买单者都有 AT 的身影，团购、外卖、约车、单车……小风口 VC 接盘，大风口 AT 做局。

无论你是创业者，还是投资人，绕得过去风口，躲不过去 AT。搞定不了创业公司，就去搞定背后的 VC，搞不定 VC，就去搞定台前的创业者，总有一款适合 AT。

2010 年之前，摆在中国互联网创业者面前的是三座大山（BAT），这让很多创业者感到暗无天日，没想到那只是一场属于巨头们的预选赛。移动互联网开启了决赛，而在决赛的上半场，就有人出局了。

变量百度

2012 年，BAT 全年净利润都是百亿元的级别；到 2016 年，腾讯和阿里巴巴的全年净利润同时突破 400 亿元大关，而百度的全年净利润依然停留在百亿元的段位。

百度丢掉的，不是利润，而是江湖。

当年百度内部曾纠结于是推广自己的地图产品，还是买一家现成的公司。后来，买下高德一度成为主流声音，并且他们很快与高德团队谈妥，但高德团队最终发现，他们在百度的眼里与百度收购来的其他小公司没什么差别。

几乎同时，阿里巴巴出手了。马云亲自接见了高德团队，晓之以理、动之以情，一举从百度手里抢下高德。据一位投资人说，阿里巴巴在第一次投资之前，高德在 C 端用户（消费者个人用户）的市场份额，要比百度地图差很多。但时至今日，二者之前的市场格局早已被打破。

对百度来说，买还是不买，不是问题——买来之后才是大问题。百度曾以 19 亿美元全资收购 91 助手而创造了历史纪录。

那是 2013 年，百度在体量上还没有被 AT 完全拉开距离，有充足的财力和魄力去用巨资收购。但不到两年，91 助手就被腾讯的应用宝全面甩开。而在百度收购 91 助手的前一年（2012 年），91 助手曾比应用宝提前 3 个月突破 1 亿的用户量。

糯米网被百度收购之前号称位列团购行业前三，但如今，团购战场已近消失，而百度外卖更有可能重复糯米网的故事。同样是"烧钱"，AT 烧出了风口，百度烧出了"窟窿"。

买也不对，不买也不对；"烧钱"不对，不"烧钱"也不对——怎么做都不对，这是百度过去 7 年的真实写照。

都说 2010 年是腾讯历史上关键的一年。那一年发生的"3Q 大战"，把腾讯由一个封闭的帝国，变成了一个开放的平台：从全面抄袭创业公司，到遍地投资创业公司，让腾讯真正变成一家生态型公司。

很多人忽视了的一点是，2010 年对于百度来说也是影响深远的一年。2010 年，谷歌宣布退出中国。一个占据中国 30% 的市场份额、在中国位列行业第二的搜索巨头拱手把"钱袋子"让给了百度。

2010 年，移动互联网元年开启的时候，腾讯和阿里巴巴都无法保证自己不被颠覆。在 QQ 之外，已经有了米聊、陌陌；在淘宝之外，更有无数电商创业者汹涌崛起。马化腾不知道自己能否跨过去，马云也不知道，谁都不知道。只有李彦宏，在大变革开始的第一年，收获了上个时代馈赠的最大的礼物。

这就是 2010 年的百度：旧时代的竞争对手谷歌已经离场，终于给它留下了一台完整的利润机器；而新时代的创业者，几乎没人敢做搜索，这是 B 与 AT 当时最大的不同。无论是社交，还是电商，都是移动互联网来临之后的超级大风口。从 2010 年到 2012 年，这两条赛道的创业者最多，给 AT 造成的压力也最大。但是，有几个人去做移动搜索？

前不见古人，后不见来者，百度成了 BAT 中最舒服的巨头。而时间窗口可能就两三年。

到 2013 年百度以 19 亿美元买下 91 助手的时候，今日头条已经拿到了 DST（总部位于莫斯科的投资集团）的 B 轮投资，用户数接近 5 000 万。而 19 亿美元可以买下 5 个当时的今日头条。那一年，是应用软件分发的终结，也是内容分发的开始。可惜百度走反了。

一直以来，腾讯的地盘就是社交，阿里巴巴的地盘就是电商，百度的地盘就是搜索。要到哪里去、能走多远，首先取决于你从哪里来，这就是一家公司安身立命的"风水"。

在 PC 互联网时代，人们需要社交，在移动互联网时代更是需要；PC 互联网时代需要网购，移动互联网时代也更是需要。对于 AT 来说，2010 年之后，它们需要做的是把核心能力投放到新的介质（智能手机）之中，传统需求不是变化了，而是放大了。

而百度面对的，则是赤裸裸的需求变化。在 PC 时代，百度是信息分发的中枢，它是汪洋大海；但到移动互联网时代，信息不再被分发，而是被推送，并且呈现"孤岛效应"。这对于百度的传统地盘来说可谓釜底抽薪，而一旦核心业务跨越不了时代的鸿沟，其他业务再强也难以推动企业的发展。换句话说，从一开始，各自的核心业务其实就决定了 BAT 的走势。

中国不是美国，百度不是谷歌，但 AT 就是 AT。

巨头之争

AT 并非天生富贵命。从 PC 时代到移动互联网时代，阿里巴巴和腾讯经历了生死存亡。

阿里巴巴的"风水宝地"是电商领域，腾讯的"风水宝地"是社交领域，但在移动互联网发展的最初几年，这两家巨头都遭遇了新兴公司的疯狂"狙击"。

电商在 2010 年之后迎来了总的爆发，尽管乐淘、凡客等垂直电商相继倒下，但到 2014 年，阿里巴巴身边已经是"群狼环伺"了。

2014 年 5 月，三个大事件让马云如坐针毡：5 月 16 日，化妆品电商聚美优品登陆纽交所；5 月 22 日，阿里巴巴最潜在的敌人京东登陆纳斯达克；5 月底，唯品会市值突破百亿美元，成为中国市值排名第四的互联网公司，仅次于腾讯、百度和京东。当时，阿里巴巴已经准备在下半年赴美上市了，但在它之前，来自中国的电商概念的上市公司至少已经有 5 家——从来没有一个领域的竞争这么激烈，有这么多公司在同一时期上市。

更让马云感到焦虑的是，诞生于 2014 年春节的微信红包，迅速让微信支付成为微信的一项国民级支付功能。到 2015 年 5 月，一年半的时间里，微信支付收获 3 亿用户；而支付宝达到这个数字，用了整整 10 年。

微信拯救了腾讯，微信支付成就了微信，而滴滴出行造就了微信支付。如果不是 2014 年 1 月 4 日滴滴出行最先接入微信支付，微信依然只是一款即时通信软件。正是与滴滴出行的结合，才让打车补贴大战上升为巨头之间的对决。而在此之前，马化腾的日子并不比马云好过。

其实，移动互联网时代的第一款国民应用不是微信，而是微博。在微信发展起来之前，腾讯曾在微博战场与新浪展开竞争，最终败下阵来。而在微信具有统治力之前，还有陌陌等社交软件的异军突起。

前有微博，后有陌陌，靠社交起家的腾讯度过了异常紧张的几年。此时的 AT 井水不犯河水。直到微信支付的兴起，才让整个形势大变。支付意味着交易，交易意味着闭环，这是所有互联网公司梦寐以求的商业模式，但它又是典型的赢家通吃的模式。微信支付之于支付宝，相当于马化腾把刀架在了马云的脖子上。

其实，这并不是巨头之间的第一次开战。在此之前，腾讯曾自己做过拍拍（电商）、搜搜（搜索）、高朋网（由美团团购网站 Groupon 与腾讯合资的团购网站），全都败下阵来。只有微信支付，让腾讯看到了胜利的希望。但支付需要场景，而之前的失败经历让腾讯明白，场景交易是其最大的软肋。

怎么办？代理人战争是最佳选择。所以，从 2014 年开始，腾讯用"胡萝卜 + 大棒"的形式，开展了一系列投资行为，京东、58 同城、美团、滴滴出行等交易型平台先后成为腾讯的"子弟兵"，而这也正是阿里巴巴和支付宝的核心阵地。

当腾讯在阿里巴巴的战场横冲直撞的时候，马云的反制风暴更猛：微博、陌陌、UC、优酷土豆、高德、"饿了么"等大小巨头相继被归入阿里巴巴阵营。腾讯切交易，阿里巴巴买流量，彼此向对方的大本营"开炮"。

在这个过程中，有两家日后估值超百亿美元的公司成了 AT 之间的"仇恨种子"：滴滴出行和美团。

王兴说，马云和阿里巴巴高层一致认为，当年让快的打车与滴滴出行合并是个大错误。合并之后，中国诞生了一个出行巨头，属于马化腾。滴滴出行创始人程维曾是阿里巴巴的员工，拿了同样是阿里巴巴出身的王刚的天使投资，合并了同样是阿里巴巴投资的快的打车，最后被腾讯抢到了手里。

美团与滴滴出行的情况类似，美团在 B 轮的时候就拿到了阿里巴巴的投资，美团当时的主要战场是团购。美团的敌人还包括腾讯旗下的高朋网。但 2015 年的两笔超级交易，让阿里巴巴失去了两条赛道：当年 2 月 14 日，滴滴出行与快的打车合并；10 月，美团与大众点评合并。这两个超级并购案，背后都有一个"主谋"：腾讯。

通过这两起并购，你能看到什么叫"战略投资"。滴滴出行与快的打车合并的前一年，腾讯手握 1 亿美元和刚刚推出的微信支付，绑定了滴滴出行；而同样在美团与大众点评合并的前一年，腾讯通过两轮投资，彻底把大众点评拿下。

选定赛道，霸占一方。滴滴出行与快的打车如此，美团与大众点评如此，58 同城与赶集网如此，美丽说与蘑菇街也是如此。

提前布局、不控股，成了腾讯清理赛道的"撒手锏"。对于王兴、陈琪这类长有"反骨"的创业者来说，如何站队不言自明。

这是源于 VC 又高于 VC 的"打法"。中国创投圈的传统"打法"是：天使拿下人、VC 拿下模式、PE 拿下营收，然后送到华尔街，大家"乐开花"。此种路径，是基于一家公司或者一条赛道长期耕耘的结果。但自从"风口"在中国诞生以来，每个风口都很大，每条赛道都足够长，公司可以速成，但战斗却不能速决。美团与大众点评合并了，还有"口碑"与"饿了么"；蘑菇街与美丽说合并了，还有淘宝；滴滴出行与快的打车合并了，还有神州专车、易到用车，以及更大的"老板"——政策。

华尔街接不了这个盘，VC、PE 更接不了，最后只能由 AT 接。互联网创业在中国超级大风口下的创投模式由 to VC 变成了 to AT。所以，你会看到，经纬中国早期投资的几个风口型项目，比如"饿了么"、快的打车、ofo、陌陌，都归了阿里巴巴；红杉中国早期投资的几个风口型项目，比如大众点评、美团、美丽说，都归了腾讯。

当然，也不都是如此。像红杉中国这种赛道型 VC，既能在京东与腾讯合作，又能在"饿了么"与阿里巴巴相遇，甚至在阿里巴巴上市前还能"随份子"。生意终归是生意，对于 AT 来说也是如此。

第 **15** 章

狐狸与刺猬：腾讯与阿里巴巴的生存方式

2018 年第二季度，腾讯迎来史上"最惨"财报，里面提到最多的一个词是"下降"：核心业务游戏营收下降、利润下降……当然，2018 年前半年腾讯下降最多的是市值——蒸发了超过 1 500 亿美元，相当于 3 个小米公司或者 3 个京东。

2018 年年初，腾讯的市值在最高峰时，约为 5 800 亿美元，全球排名第五。造成 1 500 多亿美元的损失，我认为有以下几点原因。

第一，大环境。一个是全球贸易战，资金大规模回归美国；另一个是去杠杆，国内基金经理手里的钱不多了。别人遭殃，腾讯肯定也会遭殃。

第二，核心业务表现力差。腾讯的核心业务主要是游戏业务。这其中有两个原因：一是中国互联网红利见顶，新增流量越来越少；二是在流量市场转入存量争夺战的时候，腾讯的用户时长被今日头条抢走了。这里有一个细节很有意思。很多媒体引用了来自 QuestMobile（北京贵士信息科技有限公司）的数据：截至 2018 年 6 月，腾讯系独立 App 总使用时长比 2017 年同期减少 6.6%，而今日头条系独立 App 的总使用时长比 2017 年同期增加 6.2%。换句话说，今日头条估值的新增部分，主要来自腾讯。这就是存量市场里的零和博弈。

第三，十指连心。有一种说法认为，腾讯激进的投资战略导致的一个结果就是自营业务空心化，即腾讯没有发展得较好的主营业务。但问题在于，腾讯股价高的时候，并没有人认为腾讯业务空心化，况且腾讯做投资已不是一两年，要跌早就该跌了。所以，真正的原因还是腾讯投资的诸多公司同时遭遇大盘下滑，从京东到唯品会，到 58 同城，再到拼多多，都是如此。这些"孙子辈"公司的表现自然会影响"爸爸辈"的腾讯，"爸爸辈"的腾讯又会传递给"爷爷辈"的 Naspers（腾讯的大股东）。这家最早投资了腾讯的南非公司于 2018 年 8 月 15 日创下 2008 年以来的最大单日跌幅。理解了 Naspers 的股票为什么会跌，就能理解腾讯的股票为什么会跌了。

行业近期的关注点都在腾讯蒸发的 1 500 亿美元上，很少有人关注中国互联网的另一极：阿里巴巴。如果说腾讯是从 2018 年年初最高点一步一步滑向深渊的话，阿里巴巴的下滑速度则更快。2018 年 6 月，阿里巴巴的市值一度接近 5 400 亿美元的新高点，不到两个月后，蒸发了 1 000 亿美元。

除了相同的大环境因素，阿里巴巴也遭遇了"新贵"的挑战：

拼多多。尽管已经跌破发行价，目前拼多多依然有接近 300 亿美元的市值。考虑到京东、唯品会等友商的股票在过去半年同样在下跌，阿里巴巴蒸发的 1 000 亿美元中，应该有 200 亿是被拼多多"偷"走的。

也就是说，2018 年年初以来，阿里巴巴和腾讯两家巨头合计蒸发的市值，总计约 2 500 亿美元。所以，单纯从大环境、竞争等因素来分析，未必全面。

2018 年讨论腾讯的文章很多，但把腾讯和阿里巴巴放在一起比较的文章不多。2017 年我写过一篇《AT 巨兽诞生记：掀桌、爆买、血洗赛道》，着重分析了中国互联网的发展从三巨头到双巨头格局的演变过程。

但即使单独分析腾讯和阿里巴巴，我们也会发现，它们的进化逻辑是完全不一样的。就拿投资来说，腾讯是单纯投资，阿里巴巴则是投资完再收购。而在投资风格迥异的背后，其实是公司文化和"基因"的差异，这种差异进而导致了其战略及结果的巨大差异。

英国哲学家以赛亚·伯林曾根据哲学坐标体系的不同，把人类历史上的伟大人物分为两类：像狐狸的一类和像刺猬的一类。比如，亚里士多德、普希金、巴尔扎克属于狐狸；柏拉图、黑格尔、尼采则属于刺猬。但无论属于哪一类，这种划分是基于思维认知层面的不同。在伯林眼中，"狐狸"的思维是离心式而不是向心式的，它有许多目标，目标之间毫无关联，甚至相互矛盾；而"刺猬"的所有考量必定都出自一个基本认知，这个认知又统摄每个目标，保证它们彼此之间互为关联。

翻译成今天互联网的话语，意思很明确："狐狸"是一种去中心化的生存方式，"刺猬"则是一种中心化的生存方式。有人可能会说，以今天 A 和 T 的体量来说，哪家不是中心化的平台？

腾讯确实不是。2010 年"3Q 大战"之前，腾讯的形象就是"创业者公敌"：创业者做什么，它就"抄袭"什么，而不管被"抄袭"的产品、技术、模式与自己的核心业务有多大的关联。从电商到搜索，再到团购，都是铁证。"3Q 大战"爆发前夕，腾讯已经在社交、游戏等领域打下了江山，但依然不妨碍它去抢占一个又一个山头。流量在哪里，目标就在哪里。从 2011 年开始，腾讯痛定思痛，走向"全面开放"，也掀起了继"4 万亿"之后最大的民间投资热潮。到如今，腾讯几乎投资了中国 90% 的"独角兽"公司。

那么，从"创业者公敌"到"创业者爸爸"，腾讯的布局是否有其内在逻辑呢？"创业者公敌"时期的腾讯，即使涉嫌抄袭，也讲究抄袭的"艺术"。Copy to China 模式的诞生，其实跟腾讯没有直接的关系，主要是 2005 年 Web 2.0 的兴起，让中国创业者第一次可以在资本的助力下大规模地模仿美国。但腾讯的高明之处在于，它不直接"抄袭"硅谷，而是先让国内创业者当小白鼠，等"火候"差不多了，再用自己内部的"子弟兵"分头行动，最后胜者为王。微信就是这样发展起来的，米聊就是这么被打败的。后来 VC 疯狂挤进赛道，其实他们都只是腾讯的学徒而已。

据说，腾讯内部同一赛道的竞争程度，要远远超过它们与外部"小白鼠"竞争的激烈程度。因为在资源相同的条件下，比拼的都是真功夫。由此可见，腾讯做出来的每一个业务，都是经过千锤百炼的。

后来进入"创业者爸爸"阶段，腾讯的投资策略依然是重仓赛道、合并同类项。58 同城与赶集网、美团与大众点评、美丽说与蘑菇街、滴滴出行与快的打车……这些大合并的背后，都有腾讯的影子。每条赛道都是目标，每个目标都是"半条命"，但"命"与"命"之间关联不大。

直到微信小程序的出现，腾讯终于发现了"大一统"的可能，希望借助微信生态把所有赛道、所有目标放到一个篮子里。在某种程度上，这是腾讯历史上最接近中心化的一次。

但问题是，王兴会把美团的"命运"彻底交给微信吗？刘强东会吗？姚劲波会吗？如果将来这些平台的流量全部引到微信小程序＋九宫格，那与被腾讯全资收购有何区别？本质上，所有的互联网平台都是在努力让自己在中心化的同时，避免被别人平台化。

过去 8 年，腾讯做投资的原则是：我出钱、你做事，给予创业者充分的自主权。但微信小程序的内在逻辑则是希望通过市场化的方式接管被投资公司的自主权。显然，这是相互矛盾的两种战略逻辑。从表面上看，微信小程序是对腾讯投资战略的一次升级和补充，实则相反。

阿里巴巴作为追求中心化战略的"集大成者"，20年来的进化逻辑一目了然：一个中心，多个基本点。当年把淘宝确立为核心业务之后，支付宝、淘宝商城、阿里妈妈、菜鸟网络等所有其他业务，都是围绕核心业务出发的。阿里巴巴今天做新零售，也是一样的策略：拿下"饿了么"、联手星巴克等，都是从盒马鲜生出发的。

腾讯当年是内部竞争，多个团队同时抢一条赛道；阿里巴巴是一旦确立一条明确的赛道，固定时间内在这条赛道里只有一个团队。腾讯和阿里巴巴都是"狠角色"，但出手方式完全不一样。腾讯的2号人物是投行出身，阿里巴巴的2号、3号人物同样也是，但两家公司的投资风格大不相同。归根结底，这是创始人的性格差异所致。

阿里巴巴投资的一个结果是"肥了自己，瘦了江湖"。从在商言商的角度看，没什么不好，对股东负责是一家公司的职责。但从中国互联网的整体生态来看，这犹如黑洞一般。如果说腾讯代表了一个松散的江湖，阿里巴巴则更像一种严密的体制，每个被收购的对象最终都会被体制化。

当然也有例外。2018年，马云旗下的云峰基金投资了今日头条，只不过，以张一鸣的性格，很难被巨头控股。

第 16 章

新巨头蚂蚁金服

2018 年 6 月，蚂蚁金服完成 140 亿美元的新一轮融资，估值达到 1 500 亿美元，成为仅次于阿里巴巴和腾讯的中国第三大互联网公司。

在此之前的 5 月，"互联网女皇"玛丽·米克尔发布 2018 年"互联网趋势报告"，列出全球 TOP 20 互联网科技公司排行榜，蚂蚁金服紧随腾讯、阿里巴巴之后，名列第九。

"新三巨头"呼之欲出。

最近几年，关于谁会在市值（或估值）上对 BAT 格局造成挑战的猜测很多，主要原因有两点：一是百度错过了移动互联网大潮；二是百度对人工智能的布局还未到开花结果的时候，其目前的市值与外界的期待并不一致，更与 A、T 形成了较大差距。

蚂蚁金服的晋级，多少有点儿出人意料。此前的热门候选对象，都是上市公司"老司机"，蚂蚁金服更多时候被当作阿里巴巴的"策应"。这种理解显然有问题。

BAT 代表了一个时代，BAT 这一简称也解释了什么样的公司才能在中国称得上"巨头"。

互联网公司分为三类：产品型公司、平台型公司、生态型公司。产品型公司是自己赚钱，平台型公司是在自己赚钱的同时帮别人赚钱，生态型公司是让别人赚到钱之后再自己赚钱。

过去20年，BAT之所以能成为BAT，主要是因为它们满足了两个条件：第一，市值上长期碾压其他公司；第二，都在不同程度上搭建起了自己的生态体系——资金、人脉、社会地位都不缺。

从BAT到ATM（阿里巴巴、腾讯、蚂蚁金服），既有连续性，又有非连续性。连续性体现在以下三方面。

首先，关于蚂蚁金服的估值。自AT之后，中国一直没有出现估值过千亿美元的互联网公司，蚂蚁金服是第一家。而且，1 500亿美元大致相当于此前爆出的小米、滴滴出行等公司IPO估值的2倍，同时其估值也远远超过除了BAT的任何中国互联网上市公司的市值。从资本市场的认可来看，蚂蚁金服完全称得上"新巨头"。

其次，关于蚂蚁金服的定位。总是有人把蚂蚁金服看成阿里巴巴的"附属"，其实马云常说的一句话是最好的答案：始于阿里巴巴，不止于阿里巴巴，更不属于阿里巴巴。以支付宝为起点，蚂蚁金服已经进化成一家独立的科技公司。

据报道，2015年，蚂蚁金服约64％的收入来自支付链接，

23％的收入来自金融服务，13％的收入来自技术服务；而到2017年，技术服务的收入占比大幅上升至34％，支付链接收入占比下降至54％，金融服务收入占比缩水至12％。根据预测，到2021年，蚂蚁金服的技术服务收入将上升至总收入的65％，超过支付收入，成为第一大收入项。金融是"表"，技术是"里"。

最后，关于蚂蚁金服的生态体系。蚂蚁金服作为科技公司的属性其实不仅仅体现在蚂蚁金服自主研发的底层技术能力，更体现在其技术背后的商业模式。

从2017年开始，蚂蚁金服陆续开放其技术底层能力给B端合作伙伴、政府、机构、其他公司，通过技术赋能B端，来服务好C端。我们身边所熟悉的线上和线下的诸多应用，比如支付宝的充值中心、生活缴费、码上挪车等小程序，上海地铁开发的"Metro大都会"App等，背后都是蚂蚁金服技术能力对B端的赋能。

据中信证券报告预测，蚂蚁金服技术服务在B端的收入，将在2019年占蚂蚁金服总收入的一半以上。

借助支付宝积累原始数据，通过金融进行技术落地，然后再把技术应用到更多场景中，这是蚂蚁金服的发展路线。在这个过程中，搭建自己的生态圈并形成商业闭环，是所有"生态型巨头"的典型特征。

非连续性在于，过去20年，BAT的形成主要依托国内市场做存量竞争；而在ATM时代，巨头的竞争将是真正意义上的全球化，做增量市场。目前支付宝的全球活跃用户已经接近9亿，覆盖超过40个国家和地区，且已经在"一带一路"沿线的9个国家和地区打造出"本地版"支付宝。

蚂蚁金服董事长兼CEO井贤栋说，蚂蚁金服的愿景是未来能够服务于全球超过20亿的消费者和2 000万的中小企业。从中国生态到全球生态，也是ATM时代的一个明显特征。

所以，无论是从资本层面看，还是从生态层面看，蚂蚁金服都具有"新巨头"的标配。当然，无论是BAT还是ATM，都不是"天选之命"，百度的市值一直在千亿美元的门口徘徊，说不定哪天就又进入"巨头"行列了，而且如果加上百度旗下市值200多亿美元的爱奇艺，其整体市值也已经超过了千亿美元。

在市值或估值背后，真正具有决定性意义的在于核心竞争力是什么。过去20年，中国互联网公司的发展都是Copy to China模式，即直接照搬美国的互联网公司发展模式，市场也都集中在中国；未来中国互联网公司的想象空间，是中国模式、中国科技的输出，这考验的是真正的"软实力"。目前ATM的两个共性是技术驱动和全球化，这也是蚂蚁金服能够后来居上的原因。估值是起点，而不是终点。

不管怎么说，关于互联网"江湖"的座次，动态平衡总比绝对平衡好。

第 17 章

"护城河" 才是关键

拼多多上市，很多人把它看作下一个淘宝，或者认为其有可能颠覆淘宝。

当年，小米手机一夜爆红，一大批互联网手机跟进，最后"画虎不成反类犬"。2017 年，中国手机市场份额的前十名中只有小米公司一家是 2010 年之后成立的。

刘强东说，腾讯的电商业务"下嫁"给京东之前，双方谈了两年都没谈成。等到刘强东赴美游学，腾讯以为等到了机会，又"打"了 8 个月，最后还是认输。

从团购业务开始进入市场，就有人不看好美团，甚至不看好团购行业。但这依然挡不住美团先后拿下了到店、电影票、外卖、酒店预订等多领域的市场，市场占有率第一。

上述这四家公司（淘宝、小米、京东、美团），市值（估值）从 200 亿美元到 5 000 亿美元不等，是中国目前最大的四家电商平台。它们的区别在于，有的提供的是商品，有的提供的是服务。但不管怎么说，未来 10 年，中国人的全部网上购买行为，可能主要集中在它们四家身上。

这四家公司走到今天，可谓九死一生。

阿里巴巴"战"eBay、"抗"腾讯、"打"百度，后来又遇到无数垂直电商的"围攻"，不但没"死"，还成长为中国互联网的两极之一；京东也是一路遭受"围剿"，从新蛋中国到当当网，再到亚马逊中国，直至遇上阿里巴巴，依然占据 B2C 的半壁江山；小米手机的敌人一度是魅族手机、锤子手机、一加手机等"少壮派"，而后又被华为、OV（OPPO 和 vivo）等手机巨头反扑，最后死而复生；美团的边界更宽，面临的敌人更多，但就是能够做到"门门功课考第一"。

阿里巴巴（淘宝）不是中国第一家 C2C（个人之间的电子商务模式），京东不是中国第一家 B2C，美团不是中国第一家互联网外卖配送公司，小米公司不是中国第一家以性价比为招牌的手机厂商。那为什么是它们，而不是别人，霸占了中国互联网的消费入口？它们是如何一步步建立起"护城河"的？

打造爆款业务

2003 年"非典"期间，淘宝网上线，当时 eBay 的市场份额接近 100%。2005 年年底，淘宝在中国 C2C 市场的占有率已达58%，此时 eBay 的市场占有率是 32%，腾讯拍拍是 3.8%。淘宝在两年时间里实现了逆袭。日后阿里巴巴所有其他核心业务的诞生，都离不开淘宝的强大。

2009 年第一季度，中国 B2C 前四名分别为：当当网、卓越亚马逊、京东、新蛋中国。而 2010 年，京东成为中国首家销售额过百亿元的 B2C。也正是在这一年，京东开始品类扩充，图书等品类先后上线。可以说，没有 3C 类产品（信息家电）的护航，京东的品类扩充战略不可能成功。

2013 年 4 月 9 日，小米 2s 手机正式发布。一上市就好评如潮，以至后来的小米 3 都"活"在它的"阴影"之下。后来，小米 2s 甚至被"米粉"比作"小米历史上的 iPhone 4S"。而小米公司的生态链的大规模布局，也是从 2013 年之后开始的。

美团于 2013 年进军外卖业务时，当年就与大众点评一起占据了绝大部分的市场；而从 2017 年开始布局新零售、出行等业务时，美团外卖也早已成了市场老大。

如果按照传统的管理学来理解，以上四家公司都是"不务正业"的典型：不停地进行业务扩张，永远在拓展边界。但很多人忽视了一点：它们都是在原有业务形成绝对优势甚至垄断的情况下，强攻新业务的。也就是说，新业务与原有业务之间不是一刀两断，而是有着极强的协同性。

爆款业务的繁殖能力

提到互联网公司业务的多元化，就不得不提乐视。从一个二线视频网站，到手机、电视、汽车、金融、体育……一度成为中国互联网公司的一面旗帜，但最后还是没能成为行业巨头。

其实回顾乐视做的每项业务，无论哪一项，都没有进过行业前五名，甚至大多数业务连前十都进不了。20 世纪 80 年代，杰克·韦尔奇出任通用电气 CEO 的时候，烧向这家素以多元化著称的全球巨头的第一把火，就是只保留在各自领域数一数二的业务。

无论是阿里巴巴、京东，还是小米、美团，都与乐视有着本质的区别。这四家公司的多元化，不仅仅是首先打造了在行业内数一数二的爆款业务，而且在这个过程中提炼出了自己的核心能力。正是这种核心能力保证了边界的安全性。

当年刘强东在董事会上提出用 10 亿美元建物流和配送体系时，京东账上只有不到 2 000 万美元。所有投资人都反对，认为这是一件不可能完成的事情。但在今天来看，正是自建物流、仓储、配送体系，才成就了京东的"护城河"。京东的核心能力不是卖货，而是购物体验。后来京东进军大家电、百货、图书、生鲜等品类，都是强化其核心能力的表现。

以图书为例，这也是当初从投资人到公司管理层普遍反对的事情，但刘强东就是觉得有价值。价值点在哪里？比起 3C 等品类，虽然图书客单价①低，但复购率高。每人每年平均买一部手机，这就意味着一年只登录一次京东账户。但图书不一样，相对于3C产品，图书属于高频SKU（库存量单位），至少能增加用户的登录次数，从而有可能购买京东的其他产品。这就是图书业务的价值所在：从表面上看是新业务，其实它不断地在夯实京东的核心业务，同时也让整个物流业务快速运转起来，进而拓宽、加深"护城河"。

直到今天，还有人会拿美团的业务多元化"说事儿"。其实看看王兴今天说的与创业之初做的有没有区别，就能看出来美团到底是在不停地拓展边界，还是在不断地打造核心能力了。"吃得更好，活得更好"是王兴给美团定下的口号，据说这8个字，王兴想了一年。

那么，美团的核心能力是什么呢？我认为是美团对"吃"这个底层需求的专注要远远超过中国其他互联网公司。目前围绕"吃"，美团主要有两项核心业务：到店和外卖。到店其实是当年团购业务的升级版。这两项业务，百度先后也做过，即糯米网和百度外卖，但最终都败下阵来。原因很简单：美团每花一分钱，每投入一个员工，都是围绕"吃"做文章；而百度不是，百度从一开始就没有把团购和外卖当作自己的生命线。

---

① 客单价，指商场（超市）每一位顾客平均购买商品的金额，即平均交易金额。——编者注

美团每做一项业务，都没有超出自己的能力，而是核心能力自然进化的结果。猫眼电影的诞生，是因为电影团购业务在当年的团购业务中成绩优异，才被单独分拆出来；外卖则是对到店业务的补充，从而造就了今天美团超过 50 万人的及时配送队伍，而这种配送能力，又为接下来的无人配送提供了最真实、最庞大的商业场景。

2018 年，美团又上线了服装及时配送服务（与海澜之家合作），可以说已经对"吃喝玩乐、衣食住行"实现了全覆盖。但它的每一项新业务都是对上一项业务的补充和升级，这一切都是通过"吃"这个底层需求进化而来的。无论是吃，还是玩，或是住和行，都属于人的底层需求。从本质上来说，它是一座"底层需求综合体"。

满足用户底层需求

2003 年，淘宝诞生不到半年，支付宝就问世了。起初，它只是作为一个支付功能而存在。随着 2005 年"全额赔付"的推出，支付宝才真正开始成为一个通用型工具。后来我们熟知的"剁手党"，其实不是始于淘宝，而是始于支付宝，因为只有先把钱存进去、大胆花，"剁手"才会成为可能。所以，如果没有支付宝，淘宝的用户画像就很难实现，"护城河"也就无从谈起。淘宝为支付宝提供了原始场景，支付宝为淘宝强化了用户需求。如今，阿里巴巴集团的市值与蚂蚁金服的估值，是胳膊与腿的关系，谁也离不开谁。

专注、极致，在雷军创业"七字诀"[1]中一直排在前两位。可是在手机之后，小米公司先后又涉足了路由器、电视、移动电源、手环、空气净化器……是方法论过时了，还是雷军变了？都没有。雷军的创业初心是什么呢？其实就是三个字：性价比，即用便宜的"爆款"打动人心。

初衷是好的，问题是如何在商业逻辑上实现自洽。这就是小米公司的生态链诞生的原因。很多人认为，这是为了估值做 GMV（网站成交金额）。这种说法有一定道理，但这不是全部原因。小米公司的生态链的最大意义，是可以集成成员企业的需求总和，从而面向供应链提高议价能力。当采购规模足够大的时候，成本自然会降低；只有采购成本降低了，性价比优势才会成为可能。截至 2016 年年底，小米移动电源销量世界第一，小米手环销量中国第一、世界第二，小米空气净化器销量中国第一，小米耳机总销量近 2 000 万副……这些成果，既是采购成本优势的体现，又给小米公司的核心业务（手机）带来了新的流量。

从今天来看，雷军所说的专注，是对核心能力的专注，而不

---

① 雷军创业"七字诀"为：专注、极致、口碑、快。——编者注

是对具体业务的专注。只有不断增强核心能力，才能满足用户的底层需求；对用户需求的满足越彻底，"护城河"就越宽、越深。

从这个角度来理解王兴关于"核心与边界"的论述，就容易得多。美团的核心是满足人的基本生活需求，而其核心能力是对这种需求的持续满足。如果没有团购和到店业务的坚实基础，就不会有美团外卖的崛起。相对于之前的业务，外卖是新业务；而相对于之前的能力，外卖不是新能力，而是原有能力的自然延伸。所以，边界是"表"，核心能力才是"里"。

中国四大电商平台的"护城河"有多宽，最终取决于它们的核心能力有多大的延展性。这与边界无关，用户底层需求的辽阔度才是其关键。

第 18 章

京东的"护城河"

逢"8"就是大年,这对刘强东和京东来说一点儿也不为过。

1998 年,京东公司在中关村成立,刘强东靠卖光盘刻录机起家;2008 年,京东遭遇史上最严重资金链危机,估值一度被投资人从 1.5 亿美元降到 3 000 万美元;到 2018 年,一系列突发事件接踵而来。当然,还有缩水的股价。

京东发展的这 20 年不仅穿越了互联网的周期,也穿越了宏观经济的周期。与京东同岁的腾讯、阿里巴巴,同样在 2018 年遭遇市值缩水千亿美元之上。但与京东不同的是,阿里巴巴和腾讯的"基因"属性都非常明显,提起阿里巴巴就会想到电商,提起腾讯就会想到社交。

提起京东,人们会想到电商?零售商?平台?生态?从不同角度看,京东都会呈现出不同的面貌。当然,几乎每一家成为巨头的互联网公司,都是在重新定义自己的过程中成长起来的。问题在于,什么是不变的金线?这条金线对一家公司的进化意味着什么?

前段时间，我见到一位投资了不少电商的投资人，我问他如何看待京东的股价，他说，不谈股价。因为 2018 年各家的股价都差不多，受大环境的影响比较大。最后他抛给我一个问题：京东的核心能力是在生长还是在萎缩？

要回答这个问题，先要回答京东的核心能力是什么？首先，肯定不是流量。流量是阿里巴巴的强项，何况中国互联网的流量红利期已经结束。其次，也不是正品。正品一直都是京东的招牌，但各路友商跟进的速度很快。在未来，品质还会是京东的特色，但不再是京东的专属。

2017 年，中国主要电商平台规模的增速已经出现明显下降的趋势。QuestMobile 的最新统计数据显示，2018 年 5 月到 9 月，中国主流电商的新增用户规模已经开始萎缩，无论是作为零售商还是平台方，核心业务模式见顶是大势所趋。

无论是阿里巴巴、腾讯，还是京东等其他大小巨头，都在寻找互联网下半场的机会，阿里巴巴的机会是"新零售"，腾讯的机会是"产业互联网"，京东的机会是"无界零售"。但这些名词更多地指向了场景，而非自身能力。很多公司把互联网下半场看成了换一种活法，它们眼里只有变化，而忘记了不变的能力是什么。

衡量一家公司的生命力，其实就看两点：成就其今日之成就的能力是什么？这种能力是否在新的环境下得到了进一步释放？过去 20 年，阿里巴巴靠的是组织文化和战略规划，腾讯靠的是洞察用户需求，京东靠什么？

在京东 2018 年第二季度财报中，有一项业务获得了巨大增长，这就是物流和其他服务收入：同比增幅高达 151%。京东 2018 年上半年的这项收入几乎等于 2017 年全年的收入。

目前以物流体系为核心的京东供应链生态，盘子还不算大，但它恰恰是京东走到今天的核心能力，而这种能力正在变得可复制、规模化。

京东的物流业务于 2017 年从集团分拆出来，目前开放业务商家订单收入占比大约为 30%，服务商家数量已经超过 20 万家。要知道，截至 2018 年第二季度，京东商城的第三方卖家数量是 17 万家。

京东一直被归类为 B2C 电商，这其实是表象；京东真正的内在发展模式是 B2B 供应链平台。如果说电商是京东的火车头，那么供应链就是京东的铁轨。刘强东说京东要做零售业的基础设施服务商，就是要"把铁路对外开放"。

从"护卫队"到"护城河"

过去 10 年，京东被质疑最多的时候，就是自己做供应链基础设施的时候。很多人，包括投资人，都认为这是一个无底洞，再多的钱也不够"烧"。但后来在京东的发展模式中被认为最具"护城河"价值的板块，同样是供应链。

有意思的是，就像淘宝孵化出了支付宝，京东商城孵化出了属于自己的供应链体系。交易、支付、供应链，被认为是电商"三法宝"。但阿里巴巴与京东"基因"的不同，使得两家公司的特点也不一样：C2C 起家的淘宝需要解决信任问题，所以做了支付宝；B2C 起家的京东需要解决效率问题，所以做了供应链。后来有人说京东错过了支付的机会，其实阿里巴巴同样也错过了自建物流成本最低的时期。一家公司在一个时期的资源、精力都有限，不可能同时做好两件事甚至更多的事情。

刘强东决心"吃定"供应链，始于 2007 年。

那一年，刘强东做了两个重要决定：一是全品类扩充，二是自建物流。

全品类扩充的第一站是图书。这个品类与 3C 产品最大的相似点就是标准化程度高，重复购买率高，但客单价低，这几个特点既可以增加用户的留存率，也可以增加用户选择转向 3C 品类的转化率。此时刘强东受亚马逊的影响很大，他认为电商的终极竞争就是全品类的超级平台。

那时中国互联网的发展还没有"中心化"和"去中心化"的概念，但毫无疑问，刘强东的安全感在很大程度上是建立在京东能否成为电商平台上的。

但影响平台的关键因素是物流体验，在刘强东看来，这个因素甚至占了用户网购体验的 70% 以上。所以京东要自建物流，目的是为电商平台提供最好的用户体验。电商平台是目的，自有物流是工具。

后来刘强东被李国庆开玩笑说是"傻大黑粗"，在很大程度上是因为京东在供应链上不计成本的投入。京东开建物流配送体系的时候，一个快递单子的行业平均成本是 6 元左右，当当网甚至能做到 3 元，而京东最开始的成本价是将近 10 元。

换句话说，当时京东仅在配送一个环节，成本就是主要竞争对手的 3 倍。刘强东被认为是"烧钱的疯子"也就不难理解了。但这把火并没有把京东"烧死"：从 2007 年到 2009 年，京东逐步建立了自己的仓配设施和全自营的队伍，支撑了京东的百亿业务规模。在 2010 年电商大潮来临之前，京东有了自己的地面部队。

更重要的是，京东开始搭建物流体系后面的 IT 系统，这是供应链的内核，它不仅能保证京东商城平台具有一定的承载能力，还能最大限度地优化货物的配送、调配。

京东供应链的核心，是能够一体化解决零售商家的痛点。

2017 年 6 月，著名服装品牌波司登与京东物流合作，京东供应链产品针对服饰行业的库存难题，推出"一盘货"管理策略，从产地仓、销地仓、B2B、B2C 等多个仓库整合和园区化管理，实现了统一调拨、统一补货、统一运输、统一配送，减少了库存和仓间调拨的次数。

如果波司登在配送环节找一家合作伙伴，在仓储环节找一家，又在 IT 系统找一家……结果可想而知。

人工智能的核心是机器学习，它通过不停地模拟人的行为模式，积累知识或技能，并重新组织已有的知识结构，自动提高自身性能。

在某种程度上，京东供应链体系就像一台掌握了机器学习技能的 AI 大脑，一开始是服务京东商城，随着能力的不断深化和拓展，变成了一台扩展性极强的基础设施。它因 B2C 而生，但又不满足于 B2C。

零售业的"安卓"？

2018 年国庆期间，曲美京东之家北五环旗舰店客流量比 2017 年同期增长 186%，成交额增长 262%，客单价实现 67% 的高速成长。这是京东无界零售落地的一个典型案例。

京东供应链可以在后端帮助商家预测，比如，"双 11"之前需要补多少货，货物需要放在哪个区域的哪个仓，等等。基于这些精准的布局，京东供应链能够有效地满足更多用户的订单，同时满足时效性。

2017 年，刘强东提出了"第四次零售革命"的概念，其"实质是无界零售，终极目标是在'知人、知货、知场'的基础上，重构零售的成本、效率、体验"。此时距离京东自建仓配一体的物流体系过去了整整 10 年。

京东物流 CEO 王振辉说："基于客户需求，京东物流打造了京东供应链、京东快递、京东快运、京东冷链、京东跨境、京东云仓等产品体系，如果要排序，最核心的是供应链，这是我们最核心的产品，其他产品系都是围绕供应链展开的。"

京东供应链始于网购，始于提高 C 端用户体验，到今天通过链接 B 端商家、改善 B 端商家的成本、效率、体验，再去最终影响 C 端，其实就是产业互联网的落地形态。

换句话说，京东供应链始于互联网上半场，以服务自己的 C 端用户为主，并获得了一套不断生长的系统化能力；现在进入了互联网下半场，正好可以把这种能力释放给更多的零售商和物流企业。

2017 年，刘强东还提出了京东要做积木型组织，就是从一体化模式升级到一体化开放的模式。

说白了就是，互联网上半场的京东是中心化思维，互联网下半场的京东是去中心化思维，而衔接上下半场的常量，就是供应链。电商需要供应链，融合线上和线下的无界零售更需要供应链，但并不是每一家企业都能自己做供应链。

京东针对不同的行业特性，制定了四大行业解决方案：分别是消费品行业、服饰行业、3C 品类、汽车后市场。京东针对每个行业都有可定制化的模块系统。就像智能手机操作系统安卓一样，三星手机可以深度定制，华为手机可以深度定制，小米手机也可以深度定制。

京东供应链一路走来，经历了几个阶段：先是服务于自己的 B2C 平台，早期最直接的受益者就是 C 端用户；然后开放给第三方卖家；接着是平台之外的大小零售商。从城乡接合部的便利店，到国际连锁巨头，从万达到网易严选，可扩展性在不断增强。

英国理论物理学家杰弗里·韦斯特在其畅销书《规模》一书中说到，每一个生物体、每一家公司、每一座城市，都有自己的"规模法则"。比如，一个城市人口的增速，并不是和这个城市的基础设施建设等速增长的。换句话说，一般是人口增速要高于加油站、耗电量、公路总长度这些基础设施的增速，因为基础设施会随着人口的增加而变得更有效率。

这条法则同样适用于作为零售基础设施的供应链。当京东变成一家基础设施服务商的时候，它的合作伙伴越多，赋能的能力就越强，就像安卓操作系统一样，用的手机厂商越多，越利于功能的完善、生态的丰富。供应链就是京东 10 年不变的那条金线，而且这条金线还能自己生长。

2018 年"双 11"，京东不仅继续与传统零售品牌合作，还引入了美团、神州专车、途家，甚至一些网红店，作为合作伙伴，京东会根据伙伴特点的不同做针对性赋能。

10 年前，京东起步的时候，刘强东对生意本质的判断是，为了解决体验问题，必须做一体化的运营模式。但当供应链作为基础设施足够强大的时候，一体化开放又是必然结果。

最近两年的京东，很像 2007—2012 年的京东：做一件需要前期投入巨大又一时很难看到效果的事情。但重要的一点是，这件事前后一脉相承，都是围绕同一种核心能力做投入。这很难得。

2007 年京东开始自建供应链的时候，第一代 iPhone 手机正式上市。苹果公司从一开始就是运用"软硬一体"的中心化模式发展壮大的，而京东在很长一段时间内，与苹果公司很像：B2C 模式，自建仓储、物流，并形成了一套独有的供应链生态。

但在线上线下大融合、大变革的时候，零售业的底层变化也让京东开始走向开放、赋能。所以，从核心能力进化的角度来看，互联网上半场的京东像 iOS 系统（苹果公司开发的移动操作系统），互联网下半场的京东更像安卓系统。而安卓系统最大的特点是开放。

58 同城：从低频到高频

从 2017 年到 2018 年，两年的时间，腾讯、阿里巴巴等巨头的股价都经历了过山车式的变化，中国大部分二线互联网上市公司的股价也在不停地下跌。但有一家中概股，市值从 40 亿美元一路攀升至近 120 亿美元，并长时间稳定在百亿美元的高位。

这就是 58 同城。

58 同城一直是中国互联网的一个独特的存在。它靠聚集信息起家，把"电线杆广告"搬到互联网上，一直很"苦"。过去几年，58 同城在 O2O 领域广泛布局，败多胜少。一直靠"吃"老本"吃"到百亿美元，本身就是一个奇迹。

58 同城上一次市值过百亿美元，还是与赶集网合并的时候，然后一路下跌，跌到不足 50 亿美元。与 58 同城情况类似的还有唯品会、陌陌、猎豹、聚美优品等公司。它们都富有过，但很快就坐上过山车，起起落落。

到今天，58 同城是所有互联网上市公司的第二梯队中"逆袭"幅度最大、涨势最快的一家。为什么？这要从 58 同城的模式说起。

过去我们一直说 BAT 统治中国互联网"江湖"，其实，这个"江湖"有三个维度：人与人、人与信息、人与商品。这么多年来，投资人最爱问创业者的问题，不是"如果 BAT 也做这个，你怎么办"，而是所在市场是否存在刚需，以及这个刚需是否高频。不幸的是，BAT 三家公司，分别占据了三个"既是刚需又是高频的'江湖'"：社交、信息获取、商品获取。

所以，这也就解释了为什么过去一年腾讯、阿里巴巴等巨头的市值越来越高（百度也在追赶），第二梯队的企业的股价和市值却越来越低。因为凡是碰上"刚需和高频"的模式，都"躲"不开巨头的"射程"。流量不是越来越分散，而是越来越集中。所谓去中心化，只可能发生在"虚幻的"区块链世界。

但 58 同城是个例外。它从成立初期就不是"刚需＋高频"的模式，而是"刚需＋低频"。当年姚劲波从广州到北京，遇到的第一个个人问题就是租房，后来这也成了 58 同城最早、最核心的业务。之后，找工作、搬家、二手交易等 58 同城涉足的所有生活服务领域，都属于"刚需＋低频"的模式。

什么是刚需？不吃饭就会饿死、不睡觉就会困死、不刷朋友圈就会寂寞死、不换工作会气死、不找房子就会冻死。什么是高频？一天刷两个小时微信，一周订 5 次外卖，一个月收 30 次快递。

但低频的业务不好做。举个例子，"双创"最疯狂的时候，我身边有好几个朋友创业做电商，卖什么呢？卫生巾。他们一边拿投资人的钱，一边做 App 开发，就为了满足广大女性每月一次的生理需求。卖卫生巾是低频业务，它支撑不起一个闭环的商业模式。

58 同城这些年做的事情，就是把分散在互联网各个角落"既是刚需又是低频"的业务，全都打包，据为己有。它甚至把一些既不是刚需又是低频的业务都揽了过去。所以，直到 58 同城市值突破百亿美元，大家才发现，巨头负责的是一类"江湖"，58 同城负责的是另一类"江湖"：刚需 + 高频的流量在向巨头汇聚，刚需 + 低频的流量在向 58 同城这类平台汇聚。这依然没有改变赢家通吃的法则。

有可能比 58 同城在"刚需 + 低频"这条路上走得更远的，是微信小程序。你可以问身边的亲朋好友，最近半年使用微信小程序的频率是否比以前高了。我想答案会越来越明确。

微信小程序的优势是依托中国最大的流量平台（微信），不仅能够覆盖"刚需 + 低频"的服务，甚至还有可能覆盖"刚需 + 高频"的服务，比如电商。未来我们每换一次手机，需要下载的 App 可能就会少一些，因为这些需求都能被微信小程序满足。

这个趋势背后的原因是：刚需抵不过低频。如果 58 同城从成立至今只做租房一件事，那当年有可能是安居客收购 58 同城，而不是 58 同城收购安居客。姚劲波的聪明之处在于，把所有低频业务聚在一起，满足每个用户不同层次的需要，这个月租房，下个月换工作，再下个月买二手车……一个人的生活需求在这里全都可以得到满足，低频也就变成了高频。

2012 年前后，有创业者盯着智能手机的桌面，想一次性切入，打造移动互联网的入口。今天看来，逻辑正好相反：谁控制了超级 App，谁就控制了桌面。

以美团为例，其最早的团购业务其实算不上高频，至少相对于后来的外卖是如此；如果没有更高频的外卖业务做支撑，美团的估值绝不会一路高涨。想成为超级 App，就要先成为高频应用；想要成为高频应用，要么单点需求高频，要么低频业务平台化。看看现在与吃喝玩乐、衣食住行相关的超级 App，无不如此。

微信小程序的思路并无二致：把所有低频甚至高频的需求汇聚过来，替代桌面和应用商店，这就是入口。据说，2017 年发生在微信生态里的电商交易已经突破 1 万亿元，之前如困兽斗的垂直电商，终于在微信小程序里找到了生机。

从某种程度上来说，微信小程序的模式与淘宝很像，犹如一个大集市，谁都可以过来摆摊儿；58 同城与京东很像，什么都自己做，犹如一家百货公司。但本质上，他们都是在做低频流量的输出和输入。

第 20 章

小米：从爆品到生态

小米公司 IPO 的时候，外界最关心的是未来的故事怎么讲，即上市之后的小米公司的想象空间在哪里。小米公司的过去不难理解。创立之初，通过 MIUI、米聊等软件切入，进而推出手机，然后是小米公司的生态链……经历了从软到硬、由点带面的过程。但其最核心的业务，一直都是手机（准确地说，是互联网手机）。

正是凭借手机业务的强势崛起，小米公司曾经创造了最快"独角兽"估值纪录，甚至是比 TMD（今日头条、美团、滴滴出行）更早进入百亿美元俱乐部的"超级独角兽"。按照雷军的风口理论，小米公司无论是创业的时机，还是切入市场的方式，都赶上了过去 10 年中国互联网最大的一个风口：从功能机到智能机，从 PC 互联网到移动互联网。因此，小米公司也一直被认为是中国仅有的三四家有可能在 BAT 垄断之下实现"弯道超车"的科技公司。

但是，不是每一个风口都风调雨顺，小米公司的成长也经历了所有巨头都经历过的不顺，甚至是绝境。小米公司在 2015 年、2016 年连续两年手机销售不达预期，直到 2017 年才借助理顺内外部关系，重新步入良性增长。这段经历也被雷军称为"开着飞机换发动机"。

两年的"至暗时刻"其实也说明了两个问题：第一，手机是小米公司的根基性业务，必须做好；第二，基本面要保住，增长面更要创新。

怎么创新？一是全力开拓海外市场，把小米手机输出到全世界，找到新的红利增长点；二是大力拓展小米公司的生态链，布局人工智能及 IoT（物联网）。

2018 年财报显示，第二季度小米公司海外市场收入已占总收入的 36.3%，达到 164 亿元，同比增长 151.7%。而第三方数据显示，2018 年 1—4 月，国内手机市场出货量同比下降 23.7%。也就是说，小米公司在国内手机市场遭遇行业性瓶颈的情况下，又找到了新的增长点。

同时，第二季度财报还显示，在小米公司各业务分部中，IoT 及生活消费品的增长最为突出。2018 年第二季度，该分部收入达103.79 亿元，同比增长 104.3%。

既夯实了基本面，又释放了新的增长源，是 2018 年前半年小米公司的主要走势。而持续打造一个爆款业务（手机），最终进化成一个生态体系（IoT），则是小米公司在过去 8 年的基本逻辑。

到目前为止，中国最大的 4 家交易型平台（阿里巴巴、京东、美团和小米公司）有一个共同的特征：先做出一个爆款业务，然后再延伸出新的业务来对原有业务进行"加固"，最终形成"护城河效应"。如果说手机是小米公司的爆款业务，那路由器、电视、智能音箱及生态链矩阵的出现就是对爆款业务的加固和捍卫，而这一切最终形成了 IoT 生态，即"护城河"。

过去 8 年，外界给小米公司贴上的标签很多：互联网公司、手机公司、电商平台、新零售样板……每个标签都对，但也都不全面。从 MIUI 到手机，再到生态链，如果我们回过头去看，当然觉得小米公司是步步为营，但要是按照一家创业公司的进化逻辑来看，则是顺势而为。

之前采访王川，他说 2008 年的时候雷军就跟身边的人说，一定要在 2010 年创业。"2008 年太早，2012 年又太晚。"同理，2012 年做智能音箱就太早，但 2018 年做互联网电视又太晚。总而言之，从手机到 IoT，是"自然选择"的结果，而非"人造工程"。

小米公司提出生态链的时候，很多人以为这就是满足自身电商平台的流量需求，增加 SKU 而已。但没想到的是，它最终成了小米公司用 AI 链接 IoT 的结果。

自 2016 年人工智能在中国成为新的风口之后，从创业公司到互联网巨头都疯狂涌入，但即使强大如 BAT，也缺少关键的一环：规模足够庞大的硬件生态。各企业要么是做一款单品（比如音箱），要么聚焦技术研发（比如无人驾驶技术）。而小米公司的优势在于：硬件数量足够多、用户数据足够丰富的 IoT 生态。

2018 年第二季度财报显示，小米公司连接有 IoT 设备（不包含手机、笔记本电脑）的用户约 1.15 亿人，环比增长 15%；拥有 5 台以上 IoT 设备（不包含手机、笔记本电脑）的用户近 170 万人，环比增长 19%。

讲人工智能必定绕不开场景落地，而场景落地的关键就是 IoT。IoT 的作用不是硬件，而是数据。在此次财报发布的前一周，小米公司官方宣布，截至 2018 年 7 月底，小米公司 AI 智能助理"小爱同学"的月活跃用户超过 3 000 万人，累计唤醒次数超过 50 亿次，仅 7 月一个月的唤醒次数就超过了 10 亿次。这就是小米公司与其他巨头在人工智能赛道上的最大不同。

几年来，美股表现最好的两家科技公司，分别是苹果公司和亚马逊。前者刚刚突破万亿美元市值，后者即将突破这个点。按传统的眼光看，这两家公司既是硬件制造商，又是电商；但如果寻找它们最本质的相似点，其实是 IoT：都在用自己的人工智能产品丰富 IoT 生态，渠道、用户、数据全掌握在自己手里！

几年前小米手机一炮而红的时候，很多人以为这是雷军"弯道超车"的秘密武器。今天看来，手机只是小米公司"弯道超车"的起点，而非终点。小米公司的故事能有多动听，就在于人工智能的 IoT 生态能做多大。

风口的进化

对于早期 VC 来讲，在整条赛道、整个风口还处于 A 轮阶段的时候，敢于进赛道还是需要巨大勇气的。这时赌的不是车手，而是基本面——车手错了，就相当于陪玩儿；基本面错了，就是路线错误。而路线问题是"革命"的根本问题，谁也担不起这个责任。

力

第四部分

第 21 章

中国互联网的第一个风口

如果回到 1998 年，你告诉 27 岁的马化腾：你做的这家公司 19 年后市值将达到 3 000 亿美元。他会是什么反应？

那一年，深圳全市的 GDP 不到 1 500 亿元，以当时的汇率来计算，不到 200 亿美元，相当于现在半个滴滴出行的估值。

2016 年深圳的 GDP 是 1.93 万亿元，而现在腾讯的市值约为 2.3 万亿元。换句话说，过去 19 年腾讯所累积的财富值，相当于再造了一个深圳（还额外送了一个京东）。

马化腾的创业初心是卖传呼机寻呼系统，这是典型的软件外包生意，按项目结算。马化腾的这套系统能够给主机推送新闻或电子邮件。但此时的腾讯做的是 to B 的生意，也就是把系统卖给传呼台。但后来寻呼台过时了，于是腾讯凑热闹开发了 QQ，误打误撞做起了 to C 的产品。

后面的故事大家都知道。QQ 一路成为国民级通信工具，之后，腾讯上市、网游业务爆发、微信诞生、腾讯投资布局……

马化腾和腾讯到底做对了什么？哪一个是最正确的决定？

有人说，2000 年 4 月来自 IDG 和李泽楷的投资至关重要，没有这次投资，腾讯就难以存活。但这次投资只解释了腾讯为什么没"死"，而没有解释它为什么可以"起飞"。

"风口论"最近几年在中国创投圈颇为流行，但这似乎只是针对创业公司。那么，作为创业公司的腾讯，其风口究竟在哪里？

似乎很多。页游（网页游戏）、端游（客户端游戏）、社交，每一个风口都可以成就一个不一样的腾讯。腾讯的第一个风口在哪里？

如果乐于总结，很容易就会发现，2001 年对腾讯乃至日后的中国互联网，都是至关重要的。

在此之前的一年，中国共有上网计算机 350 万台；而一年之后，达到了 850 万台。2001 年，QQ 注册用户达到 5 000 万人次。显然，如果一人一台电脑，根本支撑不起 QQ 的用户量。

2001 年是网吧"遍地开花"的年份。850 万减去 350 万的 500 万台差额，基本都在网吧。

网吧为什么会突然火起来？归因于两款游戏。这一年，陈天桥的盛大推出了《传奇》，这款游戏是中国网吧的第一个爆款，也成就了后来的"陈首富"。另一款游戏叫 CS（反恐精英），同样红遍中国大江南北的网吧。这两款游戏就像两剂"生长剂"，让中国网吧迅速崛起。

不止《传奇》和 CS。那年的网游就像 1995 年的经典电影，层出不穷。

网游推动了网吧，网吧推动了网民，网民推动了网络服务。QQ 在 2001 年赶上了中国互联网的第一个大风口，注册用户数迅速突破 1 亿人次。这是中国互联网产品的第一个 1 亿。

同样是在 2001 年，腾讯拿到了 MIH（米拉德国际控股集团公司）的巨额投资——中国互联网历史上最重要的一笔股权投资：2 000 多万美元的投资，约占 33％的股份，到今天价值 1 000 亿美元。这是 5 000 倍的投资回报率。

所有这些成绩，都是风口经济的特征：社会趋势、人口红利、资本融入。但对于腾讯来说，在 2001 年，它作为一家公司成功了：收入破 5 000 万元，利润 1 000 万元。

这一年，以中国移动的移动梦网为代表，中国各大运营商先后推出无线增值服务（SP）。腾讯原有的 to B 业务与新兴的 to C 业务有了新的融合。一方面，它把以前与传呼台合作的模式，嫁接到运营商身上，思路和逻辑都极为相似；另一方面，QQ 作为一个拥有相当多用户量的互联网产品，在无线增值服务的新天地里，有了巨大的用武之地。

腾讯最初卖软件的梦想在这里和 QQ 结合了。

要知道，2000 年的腾讯还是亏钱的。当时正值互联网泡沫破灭之初，没有投资人敢投资，没有创业者能赚钱，日后争议极大的 SP 业务，挽救了腾讯，也挽救了处于襁褓中的中国互联网。

2001 年中国"入世"（加入 WTO）了，2001 年中国互联网也"入局"了。

第 **22** 章

变天了：2010 年大转折

2017 年，我在多篇文章中提到过 2010 年对于中国互联网的重要性。

苹果在 2010 年发布了被誉为史上最精致也最经典的一部手机：iPhone 4。安卓应用市场的 App 数量首次超过 10 万。谷歌正式退出中国，从而成就了百度的"一家独大"。"3Q 大战"也在那一年爆发，周鸿祎打醒了腾讯……

未上市的超级物种：小米公司、美团、微信都发端于 2010 年；已经上市的爱奇艺（目前市值位于中国互联网公司前七）同样成立于 2010 年。

中国互联网发展到 2018 年正好 20 年，这其中有 3 个年份不容忽视。

第一个是 1999 年，BAT 都是那一年诞生的。后面 20 年，中国互联网的相爱相杀，都离不开 1999 年的"巧合"。

第二个年份是 2005 年，奇虎 360、汽车之家、YY、去哪儿网、土豆网、56 网、PPS、58 同城、赶集网……都是在那一年成立的，史称"05级创业帮"。可以说，这一年诞生的公司，构成了今天中国互联网的"二线力量"。没有它们，就没有梯队，更没有"站队"。

而2010年是第三个至关重要的年份：目前已经上市的超级"独角兽"小米公司、美团，目前已经上市、市值超百亿美元的爱奇艺，是定义2010年的重要力量。

诞生于2010年的"中国创业帮"，既是对过去十多年PC互联网的一次重新定义，也是对接下来几大超级风口的地基建构，如智能硬件、O2O、娱乐文化等，这三大风口也成为后面8年诸多创业、创新的"种子基地"。

完全可以这么说：2010年既是中国"双创大潮"的元年，又是"风口革命"的元年。

变天了

2008—2009年，雷军就说，2010年一定要创业。当时雷军的"风口理论"还没上线，但他已经在为即将到来的超级大风口做准备了。2010年4月，雷军创办了小米公司。

2009年年底，还在为"饭否"什么时候能解禁而发愁的王兴，偶然发现了一家叫Groupon的美国团购公司。2010年3月，美团上线。

另外，我们还可以看到：聚美优品诞生于 2010 年，4 年后上市；金山和可牛在 2010 年正式合并，也就是日后的猎豹移动，同样是 4 年后上市；爱奇艺同样诞生于 2010 年 4 月，用了 8 年，最终 IPO，如今它已经是中国市值前十的互联网公司。

事实上，创立于 2010 年的互联网公司还有很多，但这是一个只会记住强者和赢家的江湖。

千团大战，最后只剩下一个美团，当时融资比美团多、烧钱比美团狠的拉手网、窝窝团最终成为"先烈"。

跟随小米公司做智能手机的公司不比后来做共享单车的数量少，可是除了小米公司坚持到今天打进第一阵营，其他人呢？

要论当年最能"烧钱"的赛道，视频行业如果自称第二，没人敢称第一。如今优酷网和土豆网打成了一家，腾讯视频"大树底下好乘凉"，爱奇艺"弯道超车"，谁还记得酷 6、56 网、乐视网等。

诞生于 2010 年的电商公司多如牛毛，但随着阿里巴巴和京东在 2014 年上市，垂直电商的行业布局终于落下帷幕。

"老大哥"与 2010 年

到 2005 年的时候，腾讯和百度已经上市，阿里巴巴的淘宝已经基本将 eBay 打败，在社交＋搜索＋电商这三大赛道中，BAT

初步形成格局，尽管这个格局的规模之大要到 2010 年才会让创业者真切地感受到。

这绝非偶然。看看美国如今的三大互联网巨头：FB（Facebook，脸书）＋亚马逊＋谷歌，同样垄断了社交＋电商＋搜索三大赛道，而且这三大巨头中 FB 成立最晚，是在 2004 年。

也就是说，美国"三座大山"的形成时间与中国"三座大山"的形成时间惊人的一致。虽然 FB 是在 2012 年上市的，但在 2010年 2 月 2 日，FB 已超越雅虎，成为全球第三大网站。而亚马逊 2010 年前后在美国国内面临的舆论环境，与当时腾讯的处境很像：全民公敌。

这就意味着，中美各自的"三巨头"的诞生时间和江湖地位的确立时间，前后几乎同步，完美形成闭环。所以，2010 年互联网创业新领域面临的挑战，不是中国特色，而是时代使然。如何刺穿"老大哥们"的铜墙铁壁，成了摆在中国创业者面前的时代问题。

今天回过头来看，无论是小米公司、美团这样的超级"独角兽"，还是爱奇艺这样后来居上的"逆袭"者，它们能够坚持到今天而没有被时代的洪流淹没，其实就是两点原因：第一，紧跟历史的潮流（风口）；第二，持续自我进化（创新）。

2010 年是中国互联网的"1984"

2010年，小米公司成立之初，全球手机销售前三名是诺基亚、三星和 LG 手机，中国排在小米公司前面的手机公司是华为、联想、中兴，甚至连魅族都是雷军的"老师"。

一个外行，要做一种产业链条比互联网长很多的产品，这是雷军当时面临的挑战。但作为"风口之父"，雷军最大的势能就是抓住了功能机向智能机过渡的换机浪潮。雷军说"美好的事情一定会发生"，就是这个意思。当诺基亚、摩托罗拉、联想等还在享受"落日的荣光"的时候，有人已经开始"拔刀"了。

王兴在"饭否"之后再次找方向的时候，有两个选择摆在他面前：一个是当时很流行的基于 LBS 的签到模式，一个就是团购模式。经过深思熟虑，王兴认为签到模式对需求的挖掘不痛不痒，而团购是"刚需"。在几次创业失败之后，王兴越来越相信"简单粗暴"的力量。

尽管王兴做团购的想法可能很早，但美团不能算团购行业的先行者：拉手网、窝窝团都比美团成立更早、融资更快，当然，后面"烧钱"也更多。但最后在千团大战中只剩美团一家，与王兴对团购模式本质的认知有很大关系：是以客户（用户）为中心，还是以 VC 为中心？

2010—2013 年，有 3 个领域"烧钱"最为疯狂：团购、电商和视频。

以视频行业为例，2012年"烧"到最惨烈的时候，有投资人提议优酷网和土豆网尽快合并，但直到2013年，双方才真正走到一起。但因为"烧钱"，此时的优酷网和土豆网已经元气大伤，合并之后的市场占有率仅为30%。

这就给依靠百度的爱奇艺和腾讯视频留下了机会。2013年年底，爱奇艺以2亿元的价格拿下了湖南卫视包括《爸爸去哪儿》在内的5档节目。像不像今天的美团"斜刺"杀入网约车市场？

这当中最重要的，是时机。

2010年爱奇艺成立前后的行业形势是：2009年，酷6被盛大收购后在美国纳斯达克上市；2010年8月，乐视网在中国创业板上市；2010年和2011年，优酷网、土豆网先后在美国上市；2011年，腾讯视频正式上线。

龚宇后来这样解释当时不计成本砸钱的原因："爱奇艺比别人晚了四五年才成长起来，但现在都已经超过其他行业的竞争对手了，其中有一个重要的原因，就是砸钱，该砸钱的时候千万别手软。"在什么山唱什么歌，这就是创业逻辑的先后顺序。

而当爱奇艺转到移动端的时候，传统视频巨头还在沾沾自喜自己在PC端的各种数据排行。2013年我采访龚宇的时候，他说爱奇艺已经是移动端的老大了。而那时很多行业的创业者（比如电商）还在为该不该转向移动端而纠结。

正是在移动端布局早、收获早，才有了如今爱奇艺超过 6 000 万的付费会员的业绩，这也开创了中国视频行业的新模式。

移动互联网的风口对所有人都是公平的，抓住机会很重要，但如何做出差异化才是根本。

如果说风口是推动小米公司迅速崛起的巨大浪头，那在具体打法上，小米公司确实迥异于"老玩家们"。首先是所谓的"饥饿营销"，其本质是以最低成本获取流量，这是雷军擅长的，不是诺基亚等"老玩家们"擅长的；而在"饥饿营销"的背后，其实是小米手机的性价比路线。营销＋产品，成就了小米手机最初的爆款效果，接下来才是生态链、新零售、渠道下沉……如果小米公司一上来就布局线下，与联想、OV 等在传统渠道竞争，结局会怎样。创业需要逻辑，但逻辑的先后顺序足以决定生死。

后来美团做外卖、旅行、网约车，其实都是坚持了这个认知逻辑，即行业是否存在变量？用户是否存在还未被满足的需求？

王兴后来总结美团做外卖的理由，他说就是看到了技术变革（互联网开始从 PC 转向智能手机）带来的变量机会：渠道在发生深刻的变革，那么满足用户需求的模式必然会变。

在视频网站"烧钱"最猛烈的时候，龚宇就说过，这是一个流量跟着内容走的行业，即只有优质的内容才能留住流量。爱奇艺过去这 8 年的"逆袭"，其实就是抓住了内容这个核心命门。比如，开创新产业链条：自制＋原创，如《盗墓笔记》；开创新内容市场：如《奇葩说》《中国有嘻哈》。"烧钱"是表象，内容才是本质。

简单来说，"2010级创业帮"抓住了2010年风口背后的本质，然后按照一套适合自己的创新路径推进，步步为营。它们做到今天的估值或市值，绝不是偶然。

让乔布斯生前一直引以为豪的《1984》广告，是PC时代第一次向"老大哥"发起的冲锋号；过去8年，中国互联网江湖的"老大哥"依然存在，但如果没有2010年那一波创业者的集中出现，也就没有后来的精彩纷呈。

在某种程度上，2010年就是中国互联网的"1984"。

第 **23** 章

王兴 VS 朱啸虎：决战风口

有人说，如果没有朱啸虎和王兴，中国互联网创业公司的总体估值可能会减少一半。这个说法虽然有点儿夸张，但也值得玩味。

中国互联网从来不缺"厮杀"的组合。从早年的李彦宏＋周鸿祎、周鸿祎＋马化腾，到现在的马云＋刘强东，乃至马化腾＋马云的对决。从某种程度上说，正是这种互联网天生的零和博弈"基因"，造就并推动了中国互联网过去 20 年的急速发展。甚至可以这么说，每一次的超级对决都是在为下一次的超级对决做铺垫。没有"3Q 大战"，就没有过去 8 年移动互联网在中国的"遍地开花"。

但王兴与朱啸虎这对组合很不一样。首先，他们并不是传统的"创始人对阵创始人"模式，而是"创业者对阵投资人"模式。其次，这对组合不拘泥于一时一地的较量。周鸿祎与马化腾的战场叫安全，马云与刘强东的战场叫电商，都相当于"网友约架"。而朱啸虎与王兴的一路较量，跟约架无关，是硬生生地碰上了。

团购一仗刚打完，就在外卖领域碰上了；外卖战役还没结束，就又都涉足共享单车领域；共享单车正"打"得起劲儿，网络约车又接上了头……中国的互联网创业竞争发生的时长是以秒计算的。不到 8 年的时间，朱啸虎与王兴在团购、外卖、酒店、单车、专车等领域就展开了一系列的竞争，哪怕他们错过的是一些不存在竞争的机会，到最后竟成了对方的势力范围。一个以投资人的身份竞争，一个以创业者的身份竞争，每一条赛道、每一条胡同都能看到两家公司的身影。

而这所有的故事都始于 2010 年团购的兴起。根据公开的资料显示，美团和拉手网都于当年 3 月份成立。王兴的第一笔天使投资来自清华大学校友、航班管家 CEO 王江；而拉手网购创始人吴波是王兴和王江的同校、同系师兄——三人都毕业于清华大学电子工程系。

有意思的是，拉手网的第一笔天使投资来自当年的泰山天使，而泰山天使的创始合伙人杨镭，同样毕业于清华大学。如果事情就此打住，美团与拉手网的故事很有可能像清华大学内部的一场校园创业大赛。

但这个时候，朱啸虎出场了。2010 年 6 月，拉手网宣布完成 A 轮 500 万美元的融资，朱啸虎代表金沙江（金沙江创业投资基金）进入拉手网董事会。

事实上，为了这个机会，朱啸虎已经等了两年。对于一个

2008 年才入行的新晋投资人来说，两年时间可以成就一段奇迹，也可能是一段煎熬。但是，对于朱啸虎以及大多数同时期的投资人而言，后一种的可能性更大。

因为 2008—2010 年，正是 PC 互联网没落的开始，同时，移动互联也快要兴起了。很多人不知道会不会变天，以及变到什么程度。投资还是不投资？这是个问题。

朱啸虎不仅选择了拉手网和吴波，而且重仓跟进拉手网的后面三轮融资。当年的 O2O、"互联网 +"等概念还没有像今天这样成为"玄学"，但对于朱啸虎和金沙江来说，与其说是看到了拉手网的机会，不如说是看到了一条赛道，这条赛道当初被称作团购。现在看来，控制这个制高点太重要了。

正因为赛道重要，所以看人更重要。都是清华大学的高才生，都曾在美国留学，都卖过公司……王兴与吴波有太多的相似点，而回到 2010 年那个时间点，王兴的标签更多的是"失败者"：在旁观者的心目中，他依然没有走出连续失败的阴影，尽管他自己早就走出来了。所以，朱啸虎选择了吴波，而不是王兴；美团比拉手网的 A 轮投资拿得晚，是有道理的。而且，吴波曾将之前的公司卖了 1 500 万美元，而王兴卖了 200 万美元。双方的战利品不在一个等级上。换成谁，都更倾向于吴波，而不是王兴。

美团当时在业内的地位，在很长一段时间内都未达行业前三，拉手网、窝窝团、糯米网一轮又一轮地进行广告轰炸、优惠补贴……中国互联网历史上第一次用资本"生"造了一条赛道。

而朱啸虎的投资风格是，一旦确定，便力挺到底。很多人都记得共享单车兴起之后，朱啸虎喊过"3 个月 ofo 就能结束战斗"之类的震慑性口号。其实这与当年他在微博上对拉手网的声援相比，并不算什么，当年甚至有人把他当成了拉手网的创始人。

正如朱啸虎后来反思的那样：创业能不能成，与融资多少、投资人是谁没有必然的关系，关键还是创始人本身。而美团之所以能在枪林弹雨中活下来，并且成为老大，恰恰源于王兴之前被诟病的短板：失败得太多。

失败是成功之母。王兴的成功在于，他是真的记住了那些"坑"。所以当美团选择了不烧钱、按自己的节奏结束团购这场世纪大战的时候，只有王兴自己知道，失败有多重要。这是 1 500 万美元换不来的。

2012 年夏，虽然团购这个战场还比较胶着，但走势已经很清楚了。因为在此之前的一年，阿里巴巴已经先后两次投资美团，而其他团购网站并没有拿到 BAT 的投资，这是一个重要的风向标：巨头进来清场了。

恰恰在这个时候，一位出身阿里巴巴的创业者找到王兴，请他给自己新做的 App 提些建议，王兴看过之后，说了两个字：垃圾。

这件事的主角是滴滴出行创始人程维。一个"菜鸟"创业者找到一位当红的创业新贵提建议，这是广为流传的版本，而很少有人去探究背后的故事。有一点可以肯定，程维并没有从王兴那里得到建议之外的东西。随后，程维拿到了朱啸虎的 A 轮 300 万美元的投资。此前，程维已经被数十位投资人拒绝。

而在程维几乎每天都被投资人拒绝的时候，另一位年轻创业者的日子同样如此。他叫张一鸣，是王兴的老乡、"饭否"合伙人、好朋友。他做的 App 叫今日头条，曾被朱啸虎拒绝投资。"当时就是感觉他太文弱了，也就没投资。"朱啸虎回忆说。而今日头条的一路高歌猛进，离不开王兴的帮助。

程维和张一鸣就像两个怀揣武功秘籍的"少年"，在朱啸虎与王兴之间惆怅徘徊。

很快，另一个"少年"出现了。他叫张旭豪，是"饿了么"的创始人，是朱啸虎在上海交通大学的学弟。2009 年，朱啸虎去上海交大参加一场创业大赛，张旭豪作为参赛选手上台演讲，讲完之后下来和朱啸虎握手，朱啸虎塞给他一张名片，并留了一句话：半年后来找我。

半年后，张旭豪真去找了朱啸虎，而朱啸虎早把张旭豪和他的项目忘于脑后了。朱啸虎让张旭豪抓紧上量，接着是在金沙江过会。上海滩过去 10 年估值最高的独角兽，在 2011 年拿到了金沙江的 A 轮融资。

2013 年，当美团还在"打扫"团购战场的时候，美团的高层就已经认识到外卖作为 O2O 核心连接点的作用。"饿了么"也进入了王兴的视野。此后，王兴用一年时间，把美团外卖做到了 150 万单 / 天的成绩。张旭豪认识到，混战开始了。

可以说，在美团进入外卖领域之前，团购是团购，外卖是外卖，分工明确。其实在团购之前，外卖早已存在，当团购披着 Groupon 的时尚外衣进入中国的时候，谁会看得起外卖？

但互联网竞争的本质是对流量的垄断。所以当团购流量与外卖流量高度重合时候，两者就自然地结合起来了。

朱啸虎在团购上没有完成的夙愿，在外卖战场得到了延续。而且，这时他还有另一个武器：滴滴出行。

2015 年年底，程维和张旭豪走到了一起，滴滴出行宣布战略投资"饿了么"。滴滴出行当时的估值已经超过百亿美元，"饿了么"的估值为几十亿美元，它们联手对抗估值过百亿的美团。

远交近攻是王兴的选择。你跟我"拼"外卖，我跟你"拼"出行。当 ofo 不停地宣传自己的"亲爸爸"是滴滴出行的时候，王兴以个人名义成了摩拜的投资人。

2017 年，在一个活动上，王兴与 ofo 创始人还就模式问题互相喊话。其实，对于 ofo 来说，除了滴滴出行是"爸爸"，朱啸虎同样是 A 轮融资的"爸爸"。而滴滴出行投资 ofo，就是朱啸虎与两家公司共同的天使投资人王刚从中协调的结果。

除了共享单车，王兴的另一个反击就是不久前在一些城市推出的约车服务。

从团购到外卖，再到出行服务，朱啸虎与王兴一路相伴，谁都可能是对方的引路人，谁也都有可能是对方的绊脚石。2016—2017 年很少有人再提 O2O，认为泡沫破了之后就结束了。其实，从朱王二人近 10 年的交集就可以看出，O2O 不是结束了，而是刚刚开始。

赛道足够宽，拼杀正当时。

第 **24** 章

风口的逻辑

"风口的逻辑"是雷军说的。2016 年小米公司发展最难的时候，"风口之父"在公司内部自我反省，提出了"风口理论"的升级版本。

"风口来了，猪都能飞起来。"雷军何时何地说出的这句话已经无人知晓，但作为"风口理论"的初始版本，它影响了一代又一代的创业者。顺势而为是"风口理论"的核心要义。所以雷军做投资，起名都叫"顺为资本"。

从初始版本到升级版本，"风口来了，猪都能飞起来"讲的是机遇站位的重要性，对于创业者来说，意味着"选择大于努力"；"风口太大，都忘了自己是猪"讲的是不忘初心，别炫耀，一炫耀就会掉下去。

回顾小米公司过去几年的发展，其实就是一个从"风口理论"初始版本到升级版本的典型案例：享受了红利，也经历了危机，暂时转危为安。雷军说"开着飞机换发动机"，其实是不得已而为之。

但雷军所言，话糙理不糙。在移动互联网发展的这 10 年中，每一头"超级独角兽"的诞生都离不开风口的催化；同样是在这

10 年，每一头在风口上遇到挑战的"超级独角兽"，都忘了自己是"猪"。在这里把创业公司比喻成"猪"绝对没有别的意思，只是把它当成一个创业学符号，毕竟连雷军本人都敢这么自谦。

现在中国估值接近或者超过百亿美元的"超级独角兽"，几乎都是借着"史诗级"风口起来的。小米公司赶上了智能手机的风口，美团赶上了 O2O 的风口，滴滴出行赶上了共享出行的风口，今日头条赶上了内容分发"洗牌"的风口，"快手"赶上了城乡接合部内容分发"洗牌"的风口，拼多多赶上了微信的风口……

这些独角兽的诞生，都是喝着既得利益者的"血"、嚼着垄断者的"骨头"开始的。小米公司一度把国内传统手机制造商吓得不轻；滴滴出行最先瞄准的是无比强大的出租车公司；美团一路先后遇上大众点评、"饿了么"、携程、滴滴出行；今日头条先后遇上百度和"快手"；"快手"在崛起之前，秒拍和美图占领了短视频领域；而拼多多一上来就要动 C2C 的奶酪。

当创业公司真正成了风口上的"猪"，就觉得自己不是"猪"了，而是多大的风口都能稳得住的垄断者、独裁者。小米公司过去两年遇到的问题，是自己太"飘"了。好在雷军终归是雷军，但不是每个人都是雷军。

2018 年春节之后，中国互联网迎来了过去几年中最热闹的一个春天，关键词很多，但我觉得最重要的一点，就是"有些风口上的'猪'正在经受前所未有的考验"。

先是"快手"对阵抖音。2017 年"快手"的日活（日活跃用户数量，简称日活）就已经过亿了——这绝对是一个可以占据大多数中国人手机首屏的 App 了——一路碾压秒拍和美拍，是短视频领域当之无愧的王者。没想到，半路杀出来个抖音。

接着，是美团对阵滴滴出行。说实话，在滴滴出行合并 Uber（优步）之后、美团全力做打车业务之前的不到两年时间里，滴滴出行很像 2010 年的百度。那时谷歌刚刚退出中国市场，移动互联网是否能成立还有争议，百度在搜索市场终于迎来了史无前例的机遇，一家独大，没有对手，目空一切，与现在的滴滴出行非常相似。

电商 C2C 更被视为战斗早已结束的风口，阿里巴巴上市后甚至开始整顿、优化这项业务，但拼多多还是依靠微信做起来了，每月 400 亿的 GMV 规模距离淘宝依然还很远，但挡不住其增速惊人。

其实 B2C 也不安定。京东在 2016—2018 年增长很快，可它没有用好微信平台，但随着微信小程序生态的崛起，当年成为炮灰的垂直 B2C，有可能借着微信小程序迎来"第二春"。

在过去的两年里，A 和 T 的根基性业务一直都被认为可以高枕无忧地发展，没想到还是出现了裂缝。拼多多蚕食阿里巴巴的 C2C，今日头条抢腾讯的流量，照这样下去，腾讯收拼多多、阿里巴巴收今日头条，也并非没有可能（今日头条、抖音也先后开放了淘宝链接）。问题是，既然张一鸣不想给腾讯打工，他投奔杭州的理由又是什么？

前一段时间，阿里巴巴正式宣布以95亿美元的价格全资收购"饿了么"，其实也间接地宣布了外卖这场战役的结束。2013年11月美团上线外卖业务的时候，"饿了么"已经做了5年，而且刚刚拿到红杉中国领投的C轮融资，是外卖领域当之无愧的老大。当时谁会想到5年之后，美团最终成了这个市场的领跑者。

看今天阿里巴巴对"饿了么"的定义，应该是全面服务新零售这个主航道业务，而不是继续强化外卖的概念，相当于是要重新定义"饿了么"。因为外卖市场不同于打车市场，无论是竞争格局还是竞争逻辑，二者差别极大；从外卖领域进入打车领域容易，从打车领域进入外卖领域要比想象的难很多。所以阿里巴巴对打车和外卖，是用两条腿走路——不同的风口，不同的"猪"。

有一个新词是"伪垄断"。互联网一向讲究赢家通吃，谁垄断流量，谁就会垄断市场；谁垄断市场，谁就具有了定价权。以网约车为例，在滴滴出行先后合并快的打车、Uber，挤走易到用车之后，面向司机的佣金比例居高不下，面向用户的客单价也越来越高，很多人将其归之为垄断的结果。

但我觉得恰恰相反，这是典型的"伪垄断"。当一个市场是靠简单、粗暴的资本建立"护城河"的时候，其实这条"河"的深度和宽度都值得怀疑。中国当下最不缺的就是钱，如果钱能建立"护城河"，也就能填埋它。美团进来了，高德进来了，易到用车回来了……在过去的三年中，我们听说过谁要再做一个微信吗？

事实上，打车的"护城河"类似于电商，比如，亚马逊、淘宝、阿里巴巴，是比较简单的交易，履约流程和交易流程是分开的，可以离线完成。打车比电商唯一复杂的一点是，它会实时在用户和司机之间进行信息同步，比如同步司机车辆的位置。

而外卖的"护城河"显然要高，履约流程与交易流程环环相扣，任何一个环节出了问题，这一单就无法完成。

刘强东最近反思说，当年京东做业务多元化，都是确定一个才做一个，所以京东成功地扩充了品类、自建了仓储物流，但也因此错过了支付领域。到目前为止，为什么只有阿里巴巴和腾讯做成了支付？因为支付的门槛除了与资本有关，更与时间有关。在某种程度上，时机才是最大的"护城河"。

很多风口的危险性在于，很多"猪"以为自己得了第一，就抢占了最好的时机，但其实风口也是有上下半场之分的：你打败了上半场的对手，中场休息后，真正的敌人才从另一个地方赶过来……

网约车、短视频、电商等大风口，其实更像韭菜大棚，割完一茬又一茬，它在不停地定义旧的风口、新的玩家。

小米公司最开始的目标是做"中国版苹果"，现在越来越像OPPO了。错了吗？并没有，雷军只是知道了什么样的"猪"最安全而已。

在互联网领域，没有江山永固，"洗牌"一直在进行。

为什么不能进化

战略决定路径。当百度围绕 O2O 不断做加法的时候，百度地图一度承载了所有
O2O 业务。而此时的高德却选择了做减法，从 2014 年开始，高德就逐步去掉了
一切与 O2O 相关的业务。直到 2016 年，在日活这个关键数据上，高德地图首次
赶上了百度地图。

失

第五部分

第 **25** 章

反思百度

百度外卖终于出售了。这再次印证了中国互联网江湖的一条铁律：老大和老二斗争，被消灭的是老三。

无论以后百度外卖以何种姿态示人，一个事实是，它错过了一条不止百亿美元的赛道。看看美团和"饿了么"的估值，就会知道这个教训有多大。

更重要的是，这也宣告了百度O2O战略的彻底终结。百度O2O战略，始于地图，终于外卖。而所有的故事，都要从2013年的两场收购未遂开始。

壹

2013年初春，我去采访俞永福。当时的UC正在风口浪尖上，一会儿被腾讯收购，一会儿被百度收购……

"卖艺不卖身，这是UC的底线。"俞永福底气十足地说。采访结束时，俞永福还不忘提及那句日后被各路媒体反复提及的话："雷军说，永福做什么都支持。"

2012 年，小米手机第一年的销售额就达到了 100 亿元。京东 GMV 做到 100 亿元用了 6 年，百度则用了整整 10 年。所以，2013 年春节前，李彦宏急了，开始呼唤百度的"狼性"。

为什么急？因为"狼"来了。到 2013 年，移动端开始取代 PC 端成为互联网的主要流量入口，微信眼看就要成为腾讯新的"獠牙"，阿里巴巴 IPO 在即，李彦宏发现"死对头"周鸿祎逼近了。

周鸿祎的武器是 360 手机助手。用了不到一年时间，这个依靠 PC 端强力导流的应用分发渠道就在 2013 年年初跻身第一阵营，除了它，还有网龙的 91 助手+安卓市场，以及如日中天的豌豆荚。应用宝、百度手机助手这些"富二代"，还只是"准一线"。

李彦宏跟当时百度的李明远说：时间不等人，想不明白也要试（买），我们摸着石头过河吧。李彦宏不可能"摸"360 手机助手，周鸿祎也不会让他"摸"。

时任百度副总裁、负责投资并购业务的汤和松说过一段话，大致可以还原李彦宏和百度的过河逻辑："从 PC 到手机，其实就是跨过一条河。有两种方式可以过河：一是架桥，二是坐船。买手机浏览器是架桥，买应用商店是坐船。"

在 2013 年的中国，UC 就是手机浏览器，手机浏览器就是 UC。2012 年年底，UC 全球用户突破 4 亿，而手机百度达到这个数字比 UC 晚了整整一年。换句话说，在 2013 年春节前后，百度没有一款产品的用户数超过 UC。所以，"摸" UC 成了李彦宏的首选。

百度对 UC 的报价就发生在春节前后。一位投资人后来跟我说，报价一路涨，达到了 12 亿美元，全部用现金。其实就是创始团队"套现"离场，百度吃一个拥有 4 亿用户的"大金蛋"。要知道，微信的用户量在 2013 年年初才刚刚突破 3 亿，手机淘宝的用户量过了当年夏天才突破 3 亿。如果买下 UC，李彦宏至少能睡个安稳觉了。

但是 UC 团队不愿意。这笔账是否划算，在一年后阿里巴巴的上市招股书中得到了验证：2013 年 3 月，阿里巴巴曾对 UC 战略投资 31.3 亿元；12 月，又支付了 11 亿元，进一步增持，总计获得 UC 66% 的股份。是，控股了，但重点不在这里。

2014 年 6 月，阿里巴巴收购了 UC 全部剩余股权，对价为 4.79 亿美元现金 ＋ 1 230 万股限制性股票。1 230 万股限制性股票意味着什么？如果阿里巴巴上市的市值达到 2 000 亿美元，这部分股票的价值就是 10 亿美元，加上之前的三次注资，UC 的估值也就是后来大家所熟知的近 50 亿美元。

"通过这种方式，能够让 UC 的同事享受到阿里巴巴的 IPO 增值和业务成长带来的增值。"俞永福说得很直白。

12 亿美元和 50 亿美元哪个多？问题是在 2013 年，谁也看不出来，当时阿里巴巴的估值在 800 亿美元左右，远远高于百度的市值。百度如果给股票，增值空间是不是更大？但百度不给。

几个月之后，百度拿下了 91 助手，同样全部是现金——19 亿美元，创造了中国互联网收购史的纪录。这个价格比给 UC 的最终报价多出整整 7 亿美元，而 7 亿美元正好是百度最早对 UC 的报价。

后来雷军在饭局上遇到汤和松，开玩笑地说，一开始觉得这么高的价格买 91 助手很奇怪，没想到这个交易带动百度市值涨了 90 亿美元。但雷军同样没想到的是，阿里巴巴会涨到 4 000 亿美元。今天看来，特斯拉[①] 送对了。

贰

雷军送别人特斯拉，李彦宏自己造无人驾驶汽车；雷军"广结善缘"，李彦宏尽在掌握之中。从表面上看，是百度错过了 UC，实际上是李彦宏错过了 UC 团队。

除了 UC，另一家公司也曾被百度"摸"过——高德。我在本书第 4 章已经讲过这个故事。最终高德被阿里巴巴收购。

而阿里巴巴买高德的方式与买下 UC 的方式一样：先投资控

---

① 特斯拉为美国纯电动汽车品牌。——编者注

股，转年全部拿下。2013 年 3 月，阿里巴巴对 UC 的那次注资，实现了控股，转年 6 月正式买入剩余股份；2013 年 5 月，阿里巴巴注资高德，成为其第一大股东，转年 2 月从纳斯达克将其私有化。节奏几乎一致。

据说 2013 年，百度还接洽过大众点评，方式与收购 UC、高德一样，控股拿下，无奈最后被实力更强大的腾讯"截和"。

UC 是纯互联网产品公司，to C "基因"强大；高德则是以 to B 业务起家，当时在车载市场具有统治地位，但在 C 端与百度差距巨大。就在阿里巴巴彻底控股这两家公司的 2014 年 8 月，俞永福出任高德互联网业务负责人，并于转年正式出任高德集团总裁。让具有 to C 经验的产品团队接手高德，是阿里巴巴的一着险棋。

先说一组数字。2013 年 8 月，百度地图突破 2 亿用户；高德手机地图达到这个数字，是在当年年底，晚了小半年。也就是在最初的竞争阶段，两家体量都差不多，百度地图还稍稍占据优势。那此前百度为什么还想"生吃"高德呢？因为 O2O。

从 2013 年到今天，中国互联网创业最大的风口就是 O2O，无论是团购、外卖，还是共享经济，都是这个风口之下的产物。线上流量越来越依赖线下流量，巨头们疯狂布局。

在风口面前，百度地图先行先试。2012 年 10 月，百度正式把之前的地图业务升级为 LBS 事业部，与当时李明远负责的移动云事业部共同成为百度在移动互联网时代的两大护卫。在百度，还从来没有哪一个产品部门享受过这样的待遇。

LBS 其实就是 O2O 概念的前身。地图在 LBS 事业部的角色，其实就是百度 O2O 战略的支点。2013 年，百度的"河"就这样变成了 O2O。当时在百度地图上，可以看到百度自己的团购，以及后来买来的糯米网团购，还有百度外卖。

战略决定路径。当百度围绕 O2O 不断做加法的时候，百度地图一度承载了所有 O2O 业务。而此时的高德却选择了做减法，从 2014 年开始，高德就逐步去掉了一切与 O2O 相关的业务。直到 2016 年，在日活这个关键数据上，高德地图首次赶上了百度地图。

应该说在 2013 年前后，阿里巴巴对 O2O 的核心期待，不是地图，而是美团、快的打车等超级风口之上的赛道。这在某种程度上减轻了高德的"负荷"。

而百度不是。它在全资收购糯米网之后，又自己做了外卖，再加上之前的地图，成了百度应对 O2O 的三大法宝。每一块都很重要，彼此都被需要。当 O2O 是公司最核心的战略的时候，合力大于 3；但当这个战略的价值日益萎缩的时候，单块业务随时可能成为弃子。2017 年 8 月，百度外卖被"饿了么"收购，就是最好的例子。

其实早在 2014 年 9 月，百度地图 +O2O 的战略就已经出现了疲态。先是 LBS 负责人沈丽离职并加盟百度 O2O 业务的最大友商美团。接着是 2015 年年初，LBS 事业部与李明远的移动云事业部合并。再到 2016 年，李明远再次从百度离职。人事变动的背后是公司战略的变动。到 2017 年，百度的"河"又变成了人工智能。

除了战略摇摆不定，战略的落地能力也是百度错失 O2O 的一大原因。李彦宏曾说拿 200 亿元补贴外卖，但当美团、"饿了么"的员工在 2016 年春节疯狂加班的时候，百度外卖选择了非常人性化的放假。钱没到位，还唤起了竞争对手的"狼性"。

据说，通过大力推广自有产品和并购，百度在 2013 年共计获得 14 款用户过亿的产品。这在当年的 BAT 中绝对是第一。但到今天，百度的产品还有几款能够停留在各大 App 排行榜的 Top 20？

从 UC 到高德，俞永福走了 4 年；从 O2O 到人工智能，李彦宏也走了 4 年。4 年后的今天，UC 还在，高德还在，但是 91 助手、糯米网、百度外卖去哪里了？

第 **26** 章

陈天桥向左，丁磊向右

首先声明，本文不是讨论财富意义上的"前首富"，毕竟现在主做投资的盛大凭借多年积累下的家底，足以秒杀无数一线基金。钱对于陈天桥和丁磊来说，多一个零或少一个零，意义已经不大了。

为什么写他俩？不仅仅是因为丁磊最近成了"逆袭网红"，更是因为他俩有太多的相似点。

二人都是 20 世纪 90 年代就开始创业的人。

二人都曾是中国"首富"。巧合的是，陈天桥曾经接了丁磊的班，尽管当时陈天桥夫妇的身价只有 80 亿元，不及今天唐岩夫妇身价的一半。

二人都是从国企辞职创业的。从体制内到体制外，是"双创"先驱。

二人不仅赶上了中国互联网创业的原始大风口，更赶上了网游产业的超级大风口。

二人还是浙江老乡，据说两家相距不到 80 千米。这一小方土地接连出了两个互联网"首富"。然而，幸福的"首富"都是相似的，不幸的"首富"各有各的不幸。当丁磊的网易一年豪取上百亿元利润、业务多点开花、市值逼近百度的时候，盛大游戏、盛大文学早已不属于陈天桥。而当年陈天桥畅想的家庭娱乐帝国，正在被雷军接管……在失去 PC 时代之后，陈天桥又错过了移动互联网。

一个上演王者归来的好戏；一个不断错失好局、离舞台中心越来越远。

为什么陈天桥没有成为丁磊？不是说丁磊有多帅、多富，人有多好；而是说，中国互联网名利场的重组与"洗牌"，可能比你想象的更富有戏剧性。

丁磊和陈天桥，应该是中国最具代表性的两类创业者了。

to B、to C 与 to VC

丁磊比陈天桥大两岁，丁磊于 1989 年上大学，陈天桥是后一年上大学的，但两人同年毕业，只因陈天桥提前一年修完了学分。两人毕业后都进了国企，丁磊去了宁波电信局，陈天桥去了陆家嘴集团。从个人履历看，二人都不算"草根"。但有没有"草根"精神，是另一回事儿。

从小就喜欢各种新玩意儿的丁磊在电信局里迷上了刚刚出现

的互联网，他说要离职做互联网，领导反对、家里人反对，但他还是说走就走，背起包直奔广东。那个年代从老家丢掉"铁饭碗"南下广东，勇气可嘉。

20世纪90年代，中国创业、打工的"圣地"在南方：深圳、广州、海南。那时"北漂"的主流是大学生、驻京办主任、外地保姆。能折腾的、瞎折腾的人都去南方"野蛮生长"了。

陈天桥不用去广东。陈天桥于1993年从复旦毕业，正好赶上浦东的"大干快上"。

浦东跟广东不一样，广东做生意，浦东做金融。陈天桥去的陆家嘴集团，就是浦东开放之初的"钱袋子"。"草根"做互联网，精英干金融，丁磊和陈天桥早就实践了。

"草根"创业的逻辑，首先是活着。在广州的两家软件公司练手两年之后，丁磊于1997年创立了网易。当时中国的互联网用户不到10万人，丁磊的第一个办公室不到8平方米，主要业务就是向各地电信部门出售免费邮件系统，每套几十万元，一手交钱、一手交货，这让丁磊的小日子过得很舒服。

后来，丁磊意识到自己的硬盘很大，大到闲置了很多空间，而当时网易的主网站一共才三屏，加上图片，1M（兆）都不到。这么多空间，闲着也是浪费，不如就做面向C端用户的个人主页吧。于是网易邮箱的前身诞生了，并且一举拿下了当年CNNIC（中国互联网络信息中心）最佳网站的第一名。

先找到一个踏实的生意（很多时候是 to B 业务），让自己活下来，然后误打误撞弄出一个用户需求极大的互联网产品（平台），丁磊是这么做的，马化腾也是，李彦宏也是，甚至马云也是（先有 to B 的阿里巴巴，再有 to C 的淘宝）。

在一个用户土壤贫瘠、资本不发达的时代，这是第一代互联网创业者的普遍路径。中国最早的 VC 、后来如日中天的 IDG 在当时都被误解为骗子公司，还谈什么 to VC 模式？赚钱、接单、活下去，才是第一要务。

而当 1999 年陈天桥创办盛大的时候，也就是在丁磊创业两年之后，中国互联网用户已经达到 900 万人。那一年上海举行了《财富》全球论坛，几乎云集了全球所有的达官显贵。还是在这一年，深刻影响中国接下来十几年互联网走势的 BAT 相继成立。互联网创业就此在中国形成第一波高潮。

浦东已经起飞，上海已成中国的金融中心、世界的"网红"。手握 50 万元启动资金、出身陆家嘴金融办的年轻干部陈天桥富有诗意地说："有人告诉我，陆家嘴的黄浦江上有一座桥。如果他的说法符合逻辑，符合道理，即使我看不见这座桥，也会一脚踏上去。"

陈天桥要做的是一个卡通网站，也可以理解成网络版的迪士尼。在一个人人都建门户、弄搜索、做资讯的年代，他锁定了娱乐 IP——一个在十几年后的中国成为创业投资大风口的领域!

在当时，互联网概念能秒杀一切。只要你有一个剧本，并能让它与互联网有联系，不愁没人投资。

人人都有梦想，人人都怕错过。互联网泡沫达到顶峰时，一家叫中华网的公司成了纳斯达克中国第一股，市值最高时突破 50 亿美元。它在 2000 年泡沫破灭前给盛大投资了 300 万美元。此时的陈天桥似乎已经踏上了黄浦江上面的那座"桥"。

陈天桥得到的那 300 万美元顶多算是泡沫破灭前的一笔 A 轮融资，而丁磊的网易则是上市。在那个时间点，上市等于上岸，而且网易从 1999 年私募融资到 2000 年 6 月 IPO 的公开募资，一年内共计收到 1.15 亿美元。他们不知道，自己正在"弹药充足"地迎接史上第一个"互联网寒冬"。

赚钱逻辑与情怀逻辑

网易于 2000 年 6 月 30 日在美国上市。很快，进入 7 月后，全球互联网泡沫正式破灭，纳斯达克指数从 5 000 多点跌到 1 500 点，市值蒸发了 2/3。

泡沫破灭意味着"资本寒冬"，"资本寒冬"意味着不好融资、不好赚钱，不好融资意味着前面的投资人压力很大，不好赚钱意味着创业者压力很大。前面的投资人的压力首先会传递给创业者，而创业者是所有压力的最终"归宿"。

2001 年，丁磊迎来了自己 30 岁的生日，他收到的最大的 "生日礼物" 是：不仅网易的股价跌破发行价；更由于 "假账事件"，网易被纳斯达克 "摘牌"。

当初投资网易，后来投资京东，有 "VC 女王" 之称的徐新说： "网易是当时唯一让我愁得睡不着觉的公司"。

同样睡不着的还有陈天桥。拿了中华网 300 万美元后，花了快一年，卡通网站没有发展，后续融资更是遥遥无期。睡不着觉的陈天桥决定从韩国进口网游，这是一个极为大胆的战略。

当时的腾讯在忙着做社交，阿里巴巴在中小企业里做 "传销"，百度尝试向 C 端搜索转型；网易巴巴自主研发的《大话西游》，要到当年年底才推出。也就是说，盛大准备进入中国其他互联网公司都没有涉足的领域。

外人看不懂，中华网更看不懂。中华网的人说服不了陈天桥，最后决定撤资，只给盛大账上留了 30 万美元。事后证明，这可能是一笔可以与 IDG 从腾讯过早 "套现" 相 "比肩" 的遗憾之举，中华网在中国创投史上尝到了第一个 "10 亿美元的教训（互联网大败局）"。段永基式的人物太稀缺了。

一款《传奇》不仅成就了陈天桥，也造就了中国网游产业。2000 年，中国只有 350 万台能上网的个人电脑，而到 2001 年年底，这个数字是 850 万台。

差额来自哪里？网吧。这一年是中国网吧 "遍地开花" 的一年，因为老板们意识到了巨大的商机：网游。正是以《传奇》为代表的网络游戏的普及，推动了网吧和网民数量的爆发式增长。到 2001 年年底，QQ 注册用户将近 5 000 万，基本都是来自网吧。

2002 年，盛大网络年收入 6.8 亿元，纯利润达 1 亿元。30 万美元，不到一年就换来了 1 亿的净利润；很快，投资了阿里巴巴的孙正义向盛大投资 4 000 万美元，估值猛涨，IPO 迫在眉睫。

到 2003 年，同样凭借网络游戏的"逆袭"，网易股价如火箭般蹿升，丁磊成为中国首富。这是第一次由一位来自非传统行业的、白手起家的创业者荣登中国富豪榜榜首。

盛大借势借力，于 2004 年成功登陆华尔街，成为全球网游概念第一股。随着股价的不断攀升，某个周末正在公园长凳上休息的陈天桥捡到一张当天的报纸，得知自己取代丁磊，成了中国新首富……

故事发展到这里，有点"绝代双骄"的意思了，但这也是转折点的开始。上市前，当很多盛大的新员工都不知道网游是什么的时候，陈天桥就提出了"网游产业"的概念，战略认知自始至终远远领先于别人。

但当网游真的成为产业的时候，也就成了众矢之的。电子"鸦片"、不义之财，是当时媒体贴给新首富陈天桥的标签。美籍华人、归国教授陶宏开当年在中国网游行业的地位，就相当于商品打假界的王海、学术打假界的方舟子，而盛大、陈天桥是他的主攻目标。

对于从学生时代起就是优秀学生干部，毕业后成为国企干部，上市后成为全国政协委员的陈天桥来说，这不是他想要的名声。

更重要的是，陈天桥的初心不是游戏，而是他念兹在兹的娱乐帝国。所以，2005 年，盛大拿出了领先了至少两个时代的"家庭娱乐帝国"计划，正式推出盛大盒子（宽带娱乐电脑）。陈天桥还是要做中国的迪士尼。

情怀不值钱，但陈天桥有钱玩情怀。他说："我的性格就是不喜欢做别人做过的事，哪怕可以赚钱，我也觉得索然无味。现在回头看，不创新，毋宁死。"

从盛大这些年的布局就可以看出，陈天桥的每一步战略抉择，都有两个鲜明的特征：第一，从平台而不是产品着眼；第二，做别人没做过的事情。最早的卡通网站如此，网游如此，家庭娱乐计划同样如此。而做平台是典型的资本主导路线，没有钱是万万不能的。中华网的 300 万美元抵不过互联网泡沫，但中国首富的身份使陈天桥有底气、有资本去完成那个他内心深处的"中国梦"。

丁磊则相反，他的每一步选择都是从现实的市场需求出发的，目的只有一个：让网易活下去。真正拯救网易的，不是网游，而是 SP。

当 2001 年前后"互联网寒冬"最"冷"的时候，网易处于被

"摘牌"、丁磊被投资人打击的窘境。恰恰此时，刚刚成立不久的中国移动推出了史上最受创业者欢迎的套餐：移动梦网。

这个无线增值业务有如雪中送炭，拯救了包括网易、腾讯的一大批互联网公司。没有 SP，就没有中国互联网的今天。而 SP 的道德争议，相比网游，甚至有过之而无不及。丁磊服从了，马化腾服从了，陈天桥会服从吗？

而丁磊的另一个与陈天桥相反的地方，就是几乎从不谈战略，只谈产品。除了立家之本的邮箱业务，网易发展到今天，无论是成功还是失败的产品，都有一个共同点：几乎都是跟在别人后面。

网游、网易泡泡、网易商城、网易微博、易信都是这样的，乃至今天大红大紫的网易严选、考拉海购，也是如此。

小步快跑、不断试错，无论是平民创业时期，还是功成名就之后，丁磊都遵循着这个互联网的精进原则：能吸引用户的产品就做，能赚钱的业务就做。错了可以改，失败了可以另起炉灶，只要主营业务在，不怕"没柴烧"。

2016 年，在网易 116 亿元的纯利润中，70% 以上来自游戏业务；盛大游戏在 2017 年的纯利润是 16 亿元，不到网易的 1/8。关键是，盛大游戏已经不姓陈了。物是人非。

第 **27** 章

张朝阳的得失

2017 年我写完周鸿祎，就有朋友留言说应该写一写张朝阳。可能大家觉得他们俩都是诞生于 PC 互联网时代的人，最近两年又很少发声，大家想念他们。

2017 年，张朝阳心情不错。熬了多年的搜狗终于上市，这是搜狐内部分拆出来的第二家独立 IPO 公司，上一家是畅游。无论是当年的 BAT 三巨头，还是雷军、丁磊、周鸿祎这些经验丰富的人，都没有像张朝阳这样，一个"母体"，培养出两位"华尔街留学生"，前后三次奔赴美国上市。新浪只做出了一个微博，史玉柱、陈天桥干脆与美国划清界限。

但进入 2018 年，张朝阳的日子并不好过。先是搜狗跌破发行价，接着是搜狐市值跌至 10 亿美元以下，比很多后辈"独角兽"的估值都低。这对于张朝阳来说，可谓流年不利。

新闻客户端刚有发展的那段时间，我代表前东家去和网易谈内容合作，问对方哪些内容是不感兴趣的，得到的回复是：关于某某的文章尽量不要推荐给我们，老板不喜欢。不是网易有态度，是丁磊有态度。前面提到名字的诸位，随便排列组合，可能就是一对冤家。陈天桥说不想重复昨天的自己，可能只是不想在张江遇到史玉柱。

两年前，我跟一位从搜狐出来的创业者聊天，他说过的一句话让人记忆犹新：张朝阳没有敌人。2013 年，几乎要拿下搜狗的奇虎 360 被腾讯"截和"，周鸿祎大怒，但他转年就和张朝阳在乌镇谈笑风生、称兄道弟了。如果奇虎 360 拿下搜狗，王小川必定会离开。周鸿祎放走了傅盛，张朝阳留住了王小川，理性的周鸿祎不会不懂张朝阳的。

王小川也不是一路顺风。他当年在是做浏览器还是做搜索的问题上与张朝阳产生了分歧，被夺了"兵权"。他每天上班的主要工作就是擦桌子，和他说话最多的同事竟然是保洁阿姨，但他依然没有离开搜狐。这既说明王小川韧性足，又说明张朝阳弹性大。

从搜狐出来的"大咖"创业者不止龚宇，还有古永锵、李善友、韩坤，几乎没有谁和张朝阳闹僵过。王小川、龚宇、古永锵、韩坤这几个人，像是一个模子刻出来的。唐岩走在大街上，一看就是有态度的主儿；傅盛创业这么多年，战斗精神不是虚的……

张朝阳也几乎没有与他同时代的大佬闹僵过。腾讯做搜搜、拍拍，让百度、阿里巴巴很不爽；在搜索领域，百度一直都把奇虎 360 视为"眼中钉"；在电商领域，阿里巴巴一直把京东看作最大的威胁；丁磊认为《阴阳师》（网易的一款游戏）比《王者荣耀》（腾讯的一款游戏）好玩；搜狗要 IPO 了，张朝阳说要庆祝一下，然后把自己游泳时成功横渡汉江的视频上传到了搜狐新闻客户端。张朝阳只关心粮食和蔬菜。

那一年，搜狐的净利润超过 10 亿元，但网易已经达到 32 亿元了；那一年，搜狐的古永锵带领优酷网成功登陆华尔街；那一年，搜狐的龚宇已经让爱奇艺实现了独立品牌；那一年，腾讯被奇虎 360 "打醒了"，开放了，曾经被腾讯折腾的创业者也迎来了春天。但张朝阳在那一年抑郁了。

从 2011 年年底到 2013 年年初，张朝阳闭关了一年多。杨澜后来问他怎么了，他说不知道哪里出问题了，买什么都买得到，但就是有无尽的痛苦，连自杀的心都有。"幸福真的与钱的多少没关系。"他说。

张朝阳不是没为钱愁过。1996 年，他离开美国，回国创业，一边成为"全民偶像"，一边与美国的投资人"斗"。那是全球互联网的混沌时期，没有成熟的商业模式，先驱与"先烈"同在，谁都不知道谁厉害。

张朝阳最怕的事情是股东们在同一座城市出差。"美国资本家最喜欢干的事情是吃饭的时候合谋干掉 CEO。"张朝阳说。1999—2003 年，他与董事会"斗"了 4 年，才算摆平他们。其间各种"权斗"，比爬雪山、玩滑板难多了。

门户、视频、游戏、搜索是搜狐如今的四大支柱业务，它们有一个共同点：都诞生于 PC 互联网时代。移动互联网之后产生了这么多风口，张朝阳真正遇到过的只有搜狐微博，但最终失败了。BAT 之间、BAT 与 TMD 之间，各种战场、各种交集，几乎没有搜狐参与的机会。2011 年张朝阳开始闭关的时候，大家还在玩新浪微博，等他闭关结束的时候，大家开始玩微信了。

据说，2016 年的春节，张朝阳是在公司度过的。大年初二他就把所有高管请到了公司，开战略会，其中搜狐新闻客户端是重中之重。而新闻客户端上新推出的社交功能"狐友"，与当年的搜狐微博何其相似。

畅游上市了，搜狗即将上市，搜狐视频的上市之路还会远吗？那搜狐新闻客户端呢？分拆、挺进华尔街，征服美国资本家。搜狐在境内没有敌人，只有境外的敌对势力。

分析师说，如果没有搜狐视频，现在搜狐的财报会很好看，至少是盈利的。但张朝阳不会放弃搜狐视频，就像后来王小川不会放弃那块擦桌布一样。

杨澜问张朝阳闭关的收获是什么？张朝阳说了四个字：心有所依。

进化者的机会

中国互联网第二梯队有一个共同点：不管是天生的还是后天的，都具有显著的移动互联网色彩，它们被认为是中国互联网领域的一股变量。而巨头的流量越多，第二梯队的生存空间就越小。要么寻找新的流量蓝海，要么寻找"弯道超车"的机遇，这是第二梯队仅有的选择。

局

第六部分

第 **28** 章

焦虑的第二梯队

当阿里巴巴的市值突破 4 700 亿美元、超越亚马逊的时候，百度的市值也达到了历史新高：900 亿美元。曾经险些超越百度的京东，目前的市值依旧停留在 500 多亿美元的位置。京东背后的大股东腾讯的市值目前约为 4 200 亿美元。AT 的市值持续走高，百度在后面紧追。其他人没什么变化。

2017 年国庆长假前，我问一位"独角兽"公司创始人在忙什么，他说在考虑拿 A 还是 T 的钱。我说市场正在回暖，不抓紧独立上市吗？他回了一句：就算上市了，市值也不一定比未上市的估值高。

真是大实话。除了 BAT、京东、网易、携程和微博，中国目前没有一家上市互联网公司市值超过百亿美元，反倒是估值过百亿美元的有很多：滴滴出行、小米公司、美团、今日头条、蚂蚁金服、陆金所。

奇虎 360、唯品会、美图都曾入选"百亿美元俱乐部"，YY 和陌陌一度很接近，但目前他们的市值都没有前面提到的几家

"独角兽"公司估值高。聚美优品上市的时候，美团估值还没到30亿美元，今日头条还不到10亿美元，腾讯刚刚突破千亿美元大关。聚美优品市值最高时约60亿美元，如今只有不到4亿美元。

幸运的是，陈欧并不孤单。尽管表现得并没有聚美优品那么夸张，奇虎360、唯品会、猎豹、YY都经历了股价和市值的大起大落。

它们曾被视作中国互联网的第二梯队：在2010年移动互联网时代全面开启之后，在中国创投模式由to VC变成to AT之前，这些新老互联网公司先后登陆资本市场。它们有一个共同点：不管是天生的还是后天的，都具有显著的移动互联网色彩。因为在BAT尚未确立绝对统治地位之前，第二梯队被认为是中国互联网领域的一股变量。

历史并不久远。奇虎360上市时，自我定位是中国用户量第二的互联网公司；唯品会一度让天猫很焦虑；猎豹撑起了中国互联网公司的出海大旗；雄心勃勃的庄辰超不得不向百度和携程低头；美图股价落下去的速度比上升还快；至于乐视，就像一个从市重点中学转到郊区技校的学渣。

很久以前，上市是中国互联网公司的"成人礼"，在赢家通吃的流量方面，先上市就等于先上岸。世纪佳缘上市的时候，谁会想到日后会被新三板上的百合网收购？高德、优酷网上市之后，先后被阿里巴巴收购；去哪儿网与携程合并；途牛投靠了京东；

京东和 58 同城投靠了腾讯。合并同类项，首先合的是已上市的第二梯队。

唯品会市值最高时，约为 125 亿美元，现在只有不到 50 亿美元。2014 年，京东和阿里巴巴先后上市。京东上市时市值不到 300 亿美元，阿里巴巴上市时市值为 2 300 亿美元，如今二者的市值都翻番了。而在过去三年里，唯品会被消耗了近 80 亿美元，聚美优品被消耗了 50 亿美元。这些钱的去向，不言自明。

但有一个有意思的现象是，第二梯队在股价和市值被华尔街鄙视的同时，每个季度、每个财年都是盈利的。聚美优品现在每年还有几千万美元的利润，陌陌每个季度的利润都是几千万美元，比起那些靠"烧钱"续命的"独角兽"公司，它们本应该很滋润才对，但就是股价萎靡、市值萎缩。在华尔街眼里，这叫有钱赚，没未来。

过去几年，第二梯队面临的最大挑战就是形势比人强，强到自己还没反应过来，别人已经"上桌"了，而且别人一开始的位置就比你好。第二梯队的牌面越来越小，底牌越来越少，尽管还留在桌上，但需要放手一搏。

前有狼，后有虎，这是第二梯队的现实处境。互联网的整体流量是稳定的，所以只要巨头的流量越来越多，留给第二梯队的生存空间就越来越小。再加上一大批新晋"独角兽"的"蚕食"，每个季度财报上能有净利润就不错了。要么去寻找新的流量蓝海，要么去寻找"弯道超车"的历史机遇，这是摆在第二梯队面前的仅有的选择。所以卖化妆品的陈欧要研究充电宝，做海外贸易的傅盛要搞 AI，玩小视频的冯鑫要挺进直播和 VR 领域。可以肯定的是，即将加入第二梯队的王小川也不会再提"三驾马车"，因为华尔街不相信过去。

但第二梯队走到今天，确实不容易。王小川熬了多少年？冯鑫做了多少年？陈欧创造了最快上市纪录，但人家从高中就开始折腾创业了。每一步都算数。

做 B2B 的阿里巴巴，抓住了 C2C 的风口，赶走了易趣，镇住了亚马逊，从一种没有做成的电商模式跨到能够一家独大的电商模式。不是做淘宝的马云厉害，而是因为先有做黄页的马云。百度的市值半年涨了几百亿美元，如果李彦宏真的只会卖药，那百度早被京东超过了。"基因"和"传承"太重要了，所有新的利益集团其实都来自旧的利益集团。

说第二梯队的日子不好过，不等于未上市的"独角兽"公司日子就好过。最近几家排队赴美 IPO 的中国互联网公司，大部分属于在中国一级市场融不到钱，硬着头皮去"忽悠"美国二级市场。

但不是任何一家公司、任何一个创业者都有资格加入第二梯队，上市不等于上岸，上岸不等于"上桌"。

突围：绕开巨头

壹

2005 年，吴欣鸿关掉了他已经做了两年的社交网站 520.com，投靠域名圈的泉州老乡蔡文胜。当时吴欣鸿 24 岁，蔡文胜比他大一轮，后者早就通过域名交易拿下了人生第一桶金。更重要的是，此时的蔡文胜已经通过域名和站长这两个圈子，初步建立起自己的流量"江湖"。

江湖是利益集团的总和。2005 年，蔡文胜第一次在厦门发起中国站长大会的时候，雷军和周鸿祎还是肩并肩坐在一起的，网际快车、58 同城、电驴等知名项目的股东名单上，已经有了蔡文胜的名字。

吴欣鸿加入之后，蔡文胜交给他的第一个任务是做一个搜索工具条，即后来的 YOK（一款搜索软件）超级搜索。工具条再微不足道，也是一个互联网产品，是产品首先就需要流量，流量从哪里来？用黄一孟的电驴。很多 90 后可能知道"快播"（一款视频软件），但对电驴知之甚少，因为这是一款 80 后的青春回忆。在中文互联网的世界里，把 Traffic（交通，运输量）翻译成"流量"的人，实在是高明。

YOK 的流量获取方式，就是捆绑电驴：用户每一次用电驴下载，都会附带 YOK 安装包。推出一年内，YOK 从搜索巨头那里赚了上千万元的广告费，而成本主要是人工。显然，这是一笔"躺着"就能赚钱的买卖。

在大流量平台推新产品，是吴欣鸿在蔡文胜门下学到的第一课。随后蔡文胜把"265"卖给了谷歌，但谷歌把"265"的运营工作留给了蔡文胜。接下来的两年，吴欣鸿围绕"265"做了近 30 个新网站，基本很难再现 YOK 的雄风。

江湖规则一直没变，变化的是流量平台。2008 年前后，中国 PC 互联网的流量越来越集中，所有流量都开始指向一处：腾讯 QQ。吴欣鸿发现，很多 85 后、90 后在 QQ 上聊天时，喜欢发一些奇怪的表情和符号。为何不做一款聚焦年轻人的文字产品呢？就这样，三天内，"火星文"上线了；一年内，用户突破了 4 000 万。当时可是在 2007 年的中国啊！

后来吴欣鸿总结"火星文"成功的原因，其中一条是：大部分用户都是通过 QQ 聊天知道"火星文"的，其传播的裂变效应极为显著。做流量产品，首先要选对合适的流量平台，美图秀秀也是这么诞生的。

2008 年 10 月美图秀秀（最早叫美图大师）上线时，"火星文"已经拥有超过 5 000 万用户了，美图秀秀最早的用户都是从"火星文"导流来的，因为二者的用户群体天然重合。两个月后，美图秀秀用户突破 2 000 万。

那时 iPhone 刚刚诞生，移动互联网是几年后的事情，流量依然在 PC 端。蔡文胜、吴欣鸿这样的人当然知道不能在"火星文"这一棵树上吊死。哪里的流量最猛呢？是已经被很多人忽视的下载站。

当时的华军软件园、天空下载站等知名软件下载站，都有一个版本升级推荐专区，即只有新版本的软件才能在这里得到推荐。很多人不知道，这个专区是整个下载站流量最集中的地方，因为用户只喜欢下载新软件。这就迫使吴欣鸿几乎每周都让美图秀秀的版本更新一次，从而保证美图秀秀永远都在推荐专区里。流量无处不在，关键是你愿不愿意挖掘。

等到移动互联网来临时，美图秀秀已经打好了用户基础，剩下的事情就是"弯道超车"，成为这个领域的领军者，并建立一个庞大的产品矩阵。而这一切的流量起点，源于美图秀秀。

贰

2010 年 10 月，吴欣鸿迎来了一位新兄弟：熊俊。熊俊刚刚拿到蔡文胜和创新工场的天使投资，要做一款手机助手。后来的故事大家都知道，熊俊创立的同步推最终被一家台湾的上市公司收购。作为一个创业者，熊俊是成功的，但也有遗憾。

遗憾来自他之前的经历。2007 年，还在台资企业打工的熊俊买了人生第一部 iPhone 手机，但发现手机中的照片和备忘录等内容都没办法拷贝到电脑中。为了解决这些问题，他利用业余时间写了几个小程序，从 10 月开始陆续上传到了威锋网上，并最终把这些工具的功能集中起来，开发了一款名为 "iPhone PC Suite" 的工具（针对 iPhone 的 PC 端的免费管理工具）。

两个月后，这个工具就积累了 20 万用户。很快，一位自称某香港上市公司董秘的人找到了熊俊，提出用 10 万元收购 iPhone PC Suite，并邀请熊俊加入这家公司。加入这家公司不到 3 个月，熊俊就在 iPhone PC Suite 的基础上开发出了一款新产品。

到 2009 年下半年，这款产品已经成为同行业第一，此时团队与公司的矛盾也激化了，最终熊俊离职了。后来一位叫胡泽民的公司副总接管了这个团队，4 年后，他以 19 亿美元的价格把这个产品卖给了百度。这个产品就是 91 助手，买下 iPhone PC Suite 的公司就是福州的游戏公司网龙，这家公司的创始人叫刘德建，胡泽民是他的美国同学。

1999 年，决心要在人工智能领域大干一场的刘德建回国创业，梦想照进现实之后，他的创业方向变成了帮人建网站。两年后，网游在中国兴起，刘德建迅速做了一款名为《幻灵游侠》的客户端游戏，一家点卡销售商刚开始就支付了 300 万元。刘德建的第一桶金来得很快。

更快的是，网游帮助中国互联网迎来了第一个变现的大风口，群雄混战，流量成本不断被推高。风口之下，刘德建又推出一家叫"17173"的门户网站，各家公司从网吧玩家那里获得的流量收入，又转移到了刘德建的"17173"里。2003 年，"17173"被卖给了搜狐，交易价格为 2 050 万美元。那一年蔡文胜刚开始研究 hao 123（一个上网导航），准备推出自己的"265"。

网龙在 2006 年推出了大型网游《魔域》，一直持续到 91 助手被卖，每月还有几千万元的收入。

从"17173"到 91 助手，从 PC 互联网到移动互联网，刘德建和网龙都秉承一种做事风格：抓大，不放小。外界看到了"17173"和《魔域》的成功，没有看到其背后是多少个项目支撑起了一家上市公司。当然，"17173"就是从幕后走向前台的项目之一，后来的 91 助手也是。

91 助手其实是一艘"流量母舰"，围绕着它，还有安卓市场、熊猫看书、91 熊猫桌面、来电秀、91 移动开放平台、91 手机娱平台等。在合适的时机找到流量高地，然后遍地撒网，形成流量矩阵，"草根"蔡文胜会，"海归"刘德建也会。

矩阵好搭建，关键是母舰的流量从哪里来？2011 年，iPhone

开始在中国进入大众市场，从苹果公司到消费终端，有非常关键的一环：经销商。91 助手就是最先抓住了这批人。

当时 91 助手名义上是给用户用的，但一切功能的改进都是围绕经销商在做。最初的少数经销商可以靠 91 助手安装软件赚钱，但当所有经销商都在用 91 助手的时候，他们就赚不到钱了。这时消费者再让经销商帮忙装软件，他们往往都会很不耐烦地说：你回家用 91 助手就可以了。91 助手找到了原始流量的引爆点。

2009 年，网龙曾想把 91 助手单独卖掉，但买家提出打包收购，网龙没有同意。刘德建曾说，当时的网龙很像创新工场。创新工场怎么可能会把项目打包卖掉呢？而在百度收购 91 助手之后，网龙孵化的 200 多个项目很快就被缩减到了 10 多个。母舰走了，当然要精兵简政。

叁

2013 年，百度收购 91 助手的时候，今日头条的估值还不到 5 亿美元。换句话说，百度当时开出的 19 亿美元的收购价，几乎可以买到 5 个今日头条。

所以，人们惊讶于今天估值超过 700 亿美元的今日头条，惊讶于今天什么都做的今日头条。

2017 年，今日头条从知乎挖大 V 的事情刷遍了朋友圈，这再次引发了外界的思考：今日头条到底要做什么？短短半年，今日头条已经树敌无数：在信息分发领域，今日头条对阵百度；在内容创作领域，今日头条对阵微信；在问答领域，今日头条对阵知乎；在社交领域，今日头条对阵微博；在短视频领域，"火山"＋抖音＋"西瓜"对阵"快手"＋秒拍……

如果说当年腾讯的敌人主要是创业公司，现在今日头条的敌人几乎全是巨头。是张一鸣好战吗？当然不是。而是因为流量"江湖"是一条不归路：要么被人"干掉"，要么"生吃"对手。

2011年年底，张一鸣从九九房CEO的位置离开，开始筹备字节跳动。字节跳动是今日头条在工商部门的注册公司，这家公司的第一款产品不是今日头条，也不是内涵段子，而是一款叫"搞笑囧图"的笑话类产品。

张一鸣的逻辑是，迅速做出一款产品，快速进行市场验证，有成为爆款的迹象就全部投入，没有迹象就迅速推其他产品。福建老乡蔡文胜和吴欣鸿就是这样做出"美图秀秀大家族"的，而张一鸣的第二款产品"内涵段子"也是这么诞生的。

"内涵段子"上线三个月后，即2012年8月，今日头条的第一个版本上线。此时"内涵段子"的用户数涨势喜人，而且没什么竞争对手。今日头条就不一样了，在同一条赛道上挤满了巨头：搜狐、网易、新浪、百度、腾讯……据说有段时间张一鸣还找过其中的巨头谈收购事宜，但他们没看上今日头条。

关键时刻，"内涵段子"立了大功。由于用户群高度重合，今日头条最初的下载量几乎全来自"内涵段子"。而此时另一个巨大红利是，中国的移动互联网用户迎来了一次巨大的"换机潮"，预装成了很多创业公司"弯道超车"的法宝。一开始巨头们看不上预装，觉得自己品牌足够大，手机厂商会自动选择。

但一切都是生意。拿到投资的创业公司会以很低的价格反补手机厂商，后者有钱赚，当然求之不得；如果不出钱，可以与厂商做流量互换，即创业公司在自己的 App 里再推厂商的 App。早期的今日头条，从预装这个渠道获得了很多的用户。本质上，与91 助手的路数一样。

遍地撒网，找到爆款，流量换流量，这已不是张一鸣第一次这么做。在做九九房的那两年，张一鸣围绕这款垂直房产搜索引擎就做了至少 5 款产品，包括掌上租房、掌上买房等，最多收获150 万用户。就像后来众多上升很快、下落也很快的同类模式一样，九九房干不过链家，张一鸣的流量法不起作用了。

直到今日头条做起来之后，张一鸣才找到了他的"流量母舰"。此时"内涵段子"已经变成"护卫舰"，更早的"搞笑囧图"干脆被放弃了（2014 年就停止版本更新了）。但母舰不可能只需要一艘护卫舰，所以小视频、悟空问答、名人认证都来了……"内涵段子"没有成就字节跳动，却成就了今日头条。

肆

2017 年过去一半时，中国互联网的主角是两个福建人。看到张一鸣天天上"头条"，王兴一定不会陌生，因为他是另一个主角。

马云说，看不懂美团在做什么；梁建章说，主营业务没盈利就盲目多元化，是危险的。同样的话，李彦宏、马化腾、曹国伟也可以说给张一鸣听。横向扩张，是王兴和张一鸣在 2017 年的"最强音"。两家估值同时超过 200 亿美元的创业公司，就像突然闯进小山村的野兽，"打家劫舍"，弄得"鸡犬不宁"。中国互联网刚从 BAT 过渡到 AT，大家以为江山永固了，没想到还是出事了。

2009 年，张一鸣离开"饭否"的时候，他和王兴的心情都不好。两个龙岩老乡，一路北漂、创业，相聚于一个叫社交媒体的大风口，刚准备大干一场，网站突然被封了。但张一鸣也有收获，这就是王兴的"多任务处理能力"。

2008 年，张一鸣被王兴请到"饭否"负责技术工作的时候，他手里同时在做的还有"海内"等其他几个网站，这是校内网被卖之后，王兴的再次"捆绑式开发"。很多人都把 2005 年校内网的发展视为王兴进入中国互联网的元年，其实在那之前，他和王慧文已经做了几十个网站，基本是打一枪换一个地方。

后来有人质问张一鸣，你毕业后换了好几份工作，是不是太频繁了？张一鸣说，我一没换路线（信息推荐），二没换工作状态，即使打工也是创业的心态。这个回复其实也可以套用在王兴身上：在 2010 年之前长达 7 年的创业经历中，王兴从来没有离开过社交这条赛道。至于创业状态，那已经变成了他的生活方式。

从美团开始，王兴的赛道切换成了 O2O，到 2018 年，正好又是一个 7 年。从最早的团购，到后来的外卖，再到影院、酒店、出行……王兴似乎又开始了"多任务处理模式"。其实，就是团购的流量往外卖导，外卖的流量往影院导，影院的流量往酒店导，酒店的流量往出行导，反复循环。在循环的过程中就会碾压赛道，"蚕食"其他对手的流量。

张一鸣看在眼里，记在心里，但硬着头皮也要这样做。今日头条也好，美团也罢，进化成今天这种状态，最根本的原因还是互联网的流量垄断。

腾讯有 20 年的历史，它最受争议、树敌最多的时间段是什么时候？是 2008—2010 年。投资人问创业者"如果腾讯也做这一项你怎么办？"就诞生在那个时间段。那是 PC 互联网走向黄昏、移动互联网开启黎明的一段时间，BAT 格局已经形成。

特别是腾讯，因为手握中国最大的社交关系链，也就掌握了中国最有价值的流量。但这个时候 PC 流量开始下降，也就是用户增量市场日益萎缩，大家都开始回过头抢存量市场。谁的地盘大，谁就具有更强的议价能力，也就能以更低的成本获取更多的存量用户。所以那时的腾讯招人"恨",不仅仅是道德问题,还是市场深层次竞争的结果。

美团和今日头条其实有点儿像当年的腾讯:移动互联网的流量红利已经结束,用户增量屈指可数,所以要把枪口转向存量市场。但与当年腾讯面临的情况不同的是,2010 年之后,移动互联网给巨头们带来了一个更大的增量市场,而今天的美团、今日头条等短期内看不到这样的历史性风口了。

怎么办?把流量的核心任务由"拉新"变为增加"日活"。美团上的入口越来越多,今日头条上的功能越来越多,都是这个道理。从表面上看,是在无边界、多元化,其实能走到今天这个地步,都离不开"母舰":美团先靠团购,再靠外卖;今日头条则是凭借资讯。在最好的时间点解决了原始流量的挖掘以及核心流量的积累,才有资格去拓展边界。这种模式,"饿了么"学不会,知乎也学不会。

中国互联网的大戏才刚刚开始。

第 30 章

新一代崛起

在 2017 年 "阿里巴巴 18 周年" 年会上，马云说，从规模上来讲，阿里巴巴已经是世界第 21 大经济体，再过 19 年希望成为第 5 大经济体。阿里巴巴年会刷屏两天后，朋友圈又开始刷屏教师节，其实这天也是马云的生日。

马云已经 53 岁了。他用了不到 20 年的时间创造了一个相当于 2016 年阿根廷 GDP 的经济体。如果时间回到 1999 年，你问马云对阿根廷的印象，马云一定会说马拉多纳和切·格瓦拉，而不是 GDP。

马云生于 1964 年，1999 年正好 35 岁；与他同年的还有李国庆，而且当当网也是在 1999 年正式上线的；比马云和李国庆大两岁的老榕（王峻涛）在这一年开始担任珠穆朗玛电子商务网络服务有限公司董事、总裁，这家公司就是后来无人不知的 "8848"。

中国电商史上三家最有名的公司，都诞生在同一年，且都出于 60 后之手，是巧合吗？

1999 年，中国的 70 后、80 后在干什么呢？5 月，美国轰炸我国前南斯拉夫大使馆，70后、80后在街上忙着表达愤怒之情；7月，女足世界杯决赛，"铿锵玫瑰"惜败，70后、80后球迷又伤心了一次；12月，澳门回归祖国，70后、80后终于在街上高兴了一回……

当60后成为中国第一批互联网创业者的时候，70后、80后成了"愤青"，并且是成就60后创业者的第一批"种子用户"。他们在2003年成了中国电商巨头最早的"收割对象"。

壹

2003年对于中国电商领域有多重要？

在那一年，马云推出C2C的淘宝；C2C鼻祖、美国eBay完成对"中国版eBay"易趣的全资控股；1974年出生的刘强东开始在"非典"期间筹划京东商城并于第二年年初上线；B2C鼻祖美国亚马逊先后与雷军的卓越网和李国庆的当当网洽谈，并于第二年收购了卓越网……

还是在那一年。20世纪70年代末、80年代初的大学生在这一年开始毕业赚钱了，尽管要赚钱买房、养家糊口，但电商的出现让他们有限的购买力找到了一个无限的欲望"黑洞"。就这样，像"割韭菜"一样，他们一直被割了10年。2013年，淘宝封杀主要以80后构成的"淘宝客"，这个群体似乎绝望了。前些年不断有媒体发声：80 后创业者还有机会吗？

毫不夸张地说，今天中国电商的基本格局，就是在 2003 年确立的，但又是谁决定了 2003 年呢？答案是 1964—1974 年出生的"黄金一代"。

这 10 年不仅催生了今天的中国互联网巨头，这一代人的下一代（即 90 后），也撑起了中国互联网的今天。父辈负责赚钱，孩子们负责花钱，一头一尾，中国互联网的两极实现了闭环。

那么，为什么要从 1964 年说起呢？因为从 1963 年开始，中国迎来了一个人口出生高峰。在此之前的 1959—1961 年，中国每年的新增人口是呈阶梯式下降的，1962 年开始恢复，直至 1964 年步入快速、稳定增长的轨道。说马云和李国庆是中国"婴儿潮"的一代，并不为过。

最近几年人们一直有个误区，认为自 1949 年以来人口增长最多的 10 年是 20 世纪 80 年代，增长最少的时间是 20 世纪 90 年代。其实都错了。1980—1989 年，中国累计新增人口为 2.2 亿；而 1990—1999 年，累计新增人口约为 2.1 亿，后一个 10 年只比前一个 10 年少了 1 000 万人。出生人口最少的是 2000—2009 年，累计新增人口只有 1.6 亿。

1964—1974 年一共新增了多少人口呢？2.8 亿。如果把这 10 年新增的 2.8 亿人看成分母，分子都有谁呢？马云（1964 年）、李国庆（1964 年）、张朝阳（1964 年）、沈南鹏（1967 年）、李彦宏（1968 年）、梁建章（1969 年）、雷军（1969 年）、周鸿祎（1970 年）、马化腾（1971 年）、丁磊（1971 年）、陈天桥（1973 年）、刘强东（1974 年）……

显然，这些创办过百亿美元甚至千亿美元市值公司的互联网巨头，都出生在 1964—1974 年。换句话说，最近 20 年的中国财富"新贵"主要来自这个时间段出生的一代人。可以说，这一代人赶上了中国互联网最早、最大的红利期，直到今天，他们既是财富的拥有者，又是游戏规则的制定者。

不仅如此。以中国人平均结婚年龄为 26 岁计算，1964 年出生的人，到 1990 年正好开始结婚生子，即使是 1973 年出生，也可能会有一个 90 后的孩子。

新中国成立以来，最能赚钱的一代人生了最能花钱的一代人，这就是 60 后与 90 后的关系。

贰

从马云到刘强东的"黄金一代"，可能是中国过去 40 年社会红利的最大受益者：在中国最好的 20 世纪 80 年代赶上了公费上大学的时代；20 世纪 90 年代，要么毕业包分配，要么出国留学，依然能够在体制内福利的帮助下娶妻生子；随后又赶上了互联网时代的开启以及中国的"入世"，拿下人生第一桶金……

90后一出生就是时代的宠儿：上中学时成为PC互联网的"适居者"，上大学时成为移动互联网的"适居者"，中国每一次技术大变革的终端赢家，其实都是他们。不愁吃、不愁穿、不愁花，唯一愁的是没有更好玩儿的东西。这时你跟他们讲物美价廉是没用的，他们想要的是专属、趣味、情感依赖，而这些不是用金钱来衡量的。人人都有走向金字塔顶端的需求，但"90后"出生时就已在半山腰了。

有人说80后更能花钱，因为这些年中国的房价基本都是70后、80后推起来的——他们是需求主体。但根本的不同在于，90后是消费过去（父辈的积累），70后、80后不仅在消费过去，更是在透支未来。

20世纪70年代末、80年代初的这一代应该是中国最苦的一代：上大学赶上了自费，找工作时国家已经取消分配，结婚时房价涨起来了，创业时巨头林立……总之一句话，时代的红利与这一代人无关。俗话说，有其父必有其子。这一代人苦，其实是承袭了他们父辈的遭遇。

50后一代可能是过去半个世纪最为不幸的一代人：刚出生就赶上了吃不饱、穿不暖的时期；到了上学的年纪又赶上了上山下乡；好不容易熬到改革开放，又错过了上大学的黄金年华；然后就是20世纪90年代工人下岗。接着就是供养孩子上大学、攒钱帮他们买房……有这样的一代父辈，生于20世纪70年代末、80

年代初的人哪有能力和动力去潇洒地消费呢？在很长一段时间内，便宜成了他们的消费哲学，所以淘宝对于 70 后、80 后来说简直就是天堂。

2003—2013 年，70 后、80 后用 10 年成就了"黄金一代"的"马云们"。2014 年，京东上市了，阿里巴巴上市了，中国两大电商平台看似江山永固了，但新的变量又出现了。

叁

如果说 2014 年属于巨头和平台，2013 年就属于垂直电商领域的"新兵"：当平台电商、垂直电商在 2014 年忙着划分势力范围的时候，从 2013 年开始，一批新的垂直电商开始登上历史舞台。

当年年底，80 后肖文杰在深圳创立了中国最早的互联网消费金融服务商，后面推出的分期乐商城，迅速席卷了中国的年轻人市场；同年，同为 80 后的吴文超在上海创立小红书，打响了跨境电商风口之上的第一枪；在随后的 2014 年和 2015 年，一大批新型垂直电商风起云涌：拼多多、分期乐、考拉海购、贝店、美丽说、蘑菇街、每日优鲜……

为什么新型电商是从 2013 年开始发展起来？答案是人口红利。唯品会、聚美优品、蘑菇街、美丽说、米折网（贝贝网）这批垂直电商诞生的 2010 年前后，正是移动互联网流量替代 PC 流量的大转折时期，尽管这些公司一开始是从 PC 端切入的，但它们的一个成功之处就是果断转型到移动端，抓住了过去 10 年最大的流量红利期。

流量就是用户，用户就是流量。2013 年的流量红利在哪里？可能还有人记得，"90 后创业者"作为一个社会概念，正是在这一年登上历史舞台的。其实，比"90 后创业者"更具社会意义的新群体，是 90 后大学毕业生。

这一年，中国于 1990 年出生的大学生，正式离开大学、进入社会。换句话说，多年来被媒体讨论的 90 后开始大规模步入职场赚钱了。同样，还有更多的 90 后已经把手机作为自己的学生时代与这个社会的最大接口：移动流量的核心人群形成了。

这是继几年前 PC 端向移动端、功能机向智能机过渡之后的又一轮流量红利期，90 后开始作为新的消费人群走到互联网的风口之下。2013 年 8 月，当第一批 90 后大学毕业生刚刚步入职场的时候，生于 1983 年的肖文杰从腾讯辞职，创立了分期乐，并迅速拿到险峰华兴的天使投资。这是中国第一家面向 90 后群体的分期消费平台。

不管是刚毕业还是尚未毕业，90 后找到了一种新的电商消费方式：用碎片化的积蓄购买高客单价①的商品。他们拿出可以透支的勇气与 80 后告别：益达是你们的，淘宝也是你们的……谁也没想到，垂直电商和消费升级相互融合的第一个引爆点，竟是以这种方式席卷中国 90 后。

2013 年年底成立的小红书同样不是靠"物美价廉"起家的垂直电商，甚至不是靠卖货起家的。小红书的切入点是内容，内容做起来之后又做社区，社区做起来之后打通电商，最终实现交易的闭环。所以，你很难定义小红书是内容电商还是跨境电商，抑或是垂直电商。它都是，也都不是。但它抓住了新一代消费者的心。小红书联合创始人瞿芳说，小红书在 2017 年上半年的新增用户中，一半是 95 后。

2014 年 12 月，80 后联想高管徐正和同事曾斌开始在微信群卖水果，他们最初的用户群就是刚结婚的女士，以及未婚女士。80 后和 90 后成了最主要的用户群。与小红书一样，他们之后也拿到了腾讯的投资，这就是每日优鲜。新一代消费者最缺的是什么？一是时间，二是更好的选择。每日优鲜给出的答案是：又快又好。

而比每日优鲜成立更晚的，是拼多多。同样是生于 20 世纪 80 年代初的创业者，黄峥用"光速"完成了拼多多的上市，背后的动力正是中国乡镇级用户的消费升级。

---

① 高客单价一般针对高消费人群，或中低消费人群的冲动消费，多用于购买奢侈品。——编者注

在黄铮创立拼多多的同一年，他的启蒙老师、"黄金一代"的丁磊也坐不住了。他授权给生于20世纪70年代末的女高管，随即网易推出了考拉海购，又在2016年推出了网易严选。其中考拉海购赶上了跨境电商的大风口，当潮水退去，一大批跨境电商被"拍在沙滩上"的时候，考拉海购依然是网易电商业务的核心。而2017年第二季度财报显示，电商业务是网易所有业务中涨势最快的，其增速将近70%。70后也盯上了90后。

机会无处不在。考拉海购、小红书、分期乐等的崛起，有几个共同点：第一，成立的背景赶上了新一代消费者的入场，即90后消费者的强势崛起；第二，都有模式创新，不是单纯地低价卖货，很像当初唯品会和聚美优品的策略；第三，强调用更少的钱享受更好的商品和服务，符合新一代消费群体的诉求。

新一代电商的创始人或业务负责人，不是生于20世纪70年代末就是80年代初，他们本身是"黄金一代"的用户、消费者，而现在又瞄准了"黄金一代"的孩子们——90后。这正是移动互联网发展的最大趋势。

生于1979年的王兴、生于1983年的张一鸣和程维、生于1985年的张旭豪，都曾是"黄金一代"手下的"韭菜"；现在他们不断地把"黄金一代"的孩子们（90后）变成自己的核心用户群，同时又在"黄金一代"的阴影下寻求突围。

谁是谁的"爸爸"？谁又是谁的"儿子"？

第 **31** 章

新一代的内功

组织活力是一家创业公司的最大活力

上市之后，新美大进行了第一次组织架构调整，这也是继2015 年美团与大众点评合并之后，第五次组织架构调整。

王兴在内部信中说：为更好地践行"吃得更好，活得更好"的使命，我们将战略聚焦 Food+Platform，以"吃"为核心，"苦练基本功"，建设一个从需求侧到供给侧的多层次科技服务平台。

有人说，这次组织架构调整，是新美大应对阿里巴巴重建"饿了么"与"口碑"的应对举措。这一观点也对，也不对。

说对，是因为这个市场足够大，大到竞争不会因为某家公司率先上市就结束。说不对，是因为在新美大上市前（当然也是在"饿了么"与"口碑"合并之前），王兴就首次明确提出了"Food+Platform"的战略，所以这次调整绝不是上市之后的即兴之举。

根据 Trustdata（移动互联网大数据检测平台）发布的《2018

年Q3中国移动互联网行业发展分析报告》显示，在网络外卖领域中，美团外卖目前仍以60.1%的市场份额领先，相当于竞争对手交易额之和的1.9倍。在新美大最核心的战场，局势并没有发生太大的变化。

王兴的内部信中的关键词其实就两个：吃和平台。吃与需求侧有关，平台和供给侧有关。王兴在信中提及的第一个变化，就是新增设了"用户平台"，包含了过去的美团平台、大众点评平台、服务体验平台等部门。

单从名字上看，过去这些部门的职能更多是从"我是谁"出发，而"用户平台"的指向性则更加明确："用户是谁、用户需要什么"。毫无疑问，深挖用户价值将是新美大下一步的重中之重。这也意味着新美大由过去的用户（流量）获取模式，全面进入用户运营与服务模式。

王兴从2016年喊响了"互联网下半场"的概念，至今已过去两年。2018年，新美大等数十家互联网公司虽然上市了，但都遇到了两个前所未有的变数：一是互联网红利期真的结束了，下半场的观众上座率不可能持续增加了；二是宏观经济环境的不确定性增大、增多。

所以，在这封内部信中，王兴提出了"苦练基本功"的口号。基本功是什么？ to C，深挖用户价值，向存量市场要效益；to B，建立多层次服务平台，面向商家开拓增量市场。

这次新组建的到店事业群，整合了此前四大 LBS 业务场景之一的酒店旅行业务。至此，到店事业群涵盖餐饮、住宿、SaaS 收银与点餐、营销等横纵两线的 B 端服务，本质就是要把新美大过去积累的 B 端服务能力一起整合、释放。这意味着新美大开始打通 B 端服务，从过去按行业线条划分，到现在按职能线条划分。套用时下流行的一句话就是，从行业互联网过渡到产业互联网，即互联网下半场。

而新组建的到家事业群与小象事业群，都来自此前的大零售事业群（也叫到家 LBS）。小象事业群就是大零售事业群里的生鲜零售业务，这次把它单独分出来，显然是其重要性在上升，毕竟阿里巴巴在"饿了么"与"口碑"之外，还有一个"盒马"。新美大需要"小象"单独跑、加速跑。

在把"小象"分离出去之后，到家事业群变化不大，但作为新美大的王牌军，它通过外卖、配送，其实扮演了整个生态体系中的基础设施的角色。这个事业群不是在变"轻"，而是在变"重"，其重要性更加突出了。

这次新成立的 LBS 平台，包含了 LBS 服务、网约车、大交通、无人配送等部门，在某种程度上是建立在此前的出行事业群基础之上，增加了无人配送。换句话说，过去一年以网约车为核心的出行事业群找到了新组织。关于这一点的得失，下面再做进一步分析。

2015 年 10 月，美团和大众点评合并；到 2018 年 10 月，新美大又一次做了组织架构调整，前后一共 5 次。3 年，一共 36 个月，平均不到 8 个月调整一次。合并时两家公司总估值为 110 亿美元，到 2018 年上市后最高估值达 500 多亿美元，估值增长了近 5 倍。很难说每一次组织调整都必然会推高估值，但不可否认的是，王兴对变化的应对和拿捏都很准。

之前我问一位知名投资人，如何看待新美大、今日头条这些机会把握能力特别强的公司，他说了 4 个字：组织活力。他的意思是，比起 BAT 等巨头，不仅小巨头们的创始人年轻，组织自身的松紧度也很好。

关于这个松紧度，我的理解是，能够根据外部环境的变化，做出相应的组织调整，该上"集团军"的时候就用"集团军"，该上"野战部队"的时候就用"野战部队"。不同的风口和赛道，用不同的组织架构，甚至同一个风口、同一条赛道，也会因时间的变化，对应不同的组织形态。

新美大的第一次调整发生在 2015 年 11 月。合并不到两个月，新美大就完成了第一次的内部组织架构调整，王兴出任 CEO、张涛出任董事长。同时，还对业务结构进行了重新设立：设立平台事业群、到店餐饮事业群、到店综合事业群、外卖配送事业群、酒店旅游事业群、猫眼电影全资子公司、广告平台部等业务板块。

当时新美大身处的环境是，自己做的每一件事，在同行业都有竞争对手。外卖有"饿了么"、百度外卖，酒店有携程、去哪儿网，猫眼有微影、格瓦拉，到店综合有众多垂直O2O同行。每一条赛道都尚未结束战斗，"空战"当然需要"空军"，"海战"当然需要"海军"，"陆战"当然需要"陆军"。各司其职是最重要的选择。

还有一个原因，2014—2016年，中国移动互联网用户每年依然有10%的增长量，是流量红利期的尾声。所以，组织架构的设置，必然以最大化、最快速获取用户为目标，这个时候还谈不上协同效应。用户只有那么多，你不去抢，他们就被别人抢走了。

2016年7月，新美大迎来了第二次组织架构调整。这次调整有两个背景：第一，此前一个多月，光线传媒正式入股猫眼电影，新美大变成猫眼的"娘家人"；第二，此前三个月，"饿了么"完成F轮融资，阿里巴巴携手蚂蚁金服投资12.5亿美元，这正是对此前美团与大众点评合并并引入腾讯的一次回应。至此，美团的敌人不再仅仅是"饿了么"。

几乎与此同时，王兴喊响了"互联网下半场"的概念。在关于此次调整的内部信中，王兴正式把餐饮、综合、酒旅定义为新美大的"三驾马车"。其中，在原到店餐饮事业群、外卖配送事业群和餐饮生态平台的基础上设立"餐饮平台"，这意味着外卖和到店两大事业群第一次"会师"，因为它们这时有了共同的指挥官王慧文。

王慧文一手打造了美团外卖"铁军",此时面对强敌,必须整合餐饮产业链上下游,才能保证利出一孔。这就是餐饮平台诞生的原因。

半年后的 2017 年 1 月,新美大迎来了第三次调整。王兴在这封内部信的开头就说道:下半场已经开始,没有中场休息,我们必须不断向前。这封信也首次将酝酿多时的公司使命公之于众:吃得更好,活得更好。

而此次组织架构的调整,着力点有两处:一是强化大众点评原有的特色和优势,二是借助美团平台巨大的流量助推酒店业务。所以,调整的内容也就不足为奇了:原平台事业群的点评平台将与到店综合事业群合并为"点评平台及综合事业群",原平台事业群的美团平台将与酒店旅游事业群合并为"美团平台及酒旅事业群"。其他部门的组织架构和汇报关系不变。这次发生在 2017 年年初的调整,最终让美团的酒店业务获得爆发式增长,是转年美团酒店间夜数超过同行的组织保证。

2017 年 12 月,新美大迎来第四次调整。王兴在内部信中说:为更好地践行"吃得更好,活得更好"的使命,适应公司"社会企业"的新阶段,我们将再一次升级组织,聚焦到店、到家、旅行、出行这四大 LBS 业务场景。

此时的一个背景是,新美大在到店、到家两大赛道上已经成为领跑者,旅行板块即将在间夜数上赶超同行。而出行(主要是网约车）在灰度测试近一年之后，被提升到了战略层面。

如前所述，网约车是新美大过去一年的一项"机动型业务"，一年前还是单独事业群，在最近的这次调整中就被划到了 LBS 交通事业群。是自身没做好吗？当然不是。

2017 年、2018 年在南京和上海先后上线后，美团约车一度势如破竹。据悉，在上海之后，美团还拿到了其他城市的网约车牌照，但并没有冒进。此次美团将出行纳入 LBS 版块，并不意味着放弃了网约车，毕竟市场机会还在，这更像是一次进可攻、退可守的合并同类项。

兵无常势，水无常形，正是过去三年甚至 10 年中国互联网的一个缩影。不是王兴善变，而是形势比人强。唯一不变的，只有变化本身。

人民想念周鸿祎 ①

亲爱的周总：

好久没有你的消息了。如果不是前段时间在朋友圈成了"国民老公"（王思聪）私人飞机的"背景帝"，你都快被广大人民群众忘记了。

上一次看到你的新闻还是一年前（2016 年），奇虎 360 正式从纳斯达克退市，据说当时你背负了 30 多亿美元和 200 多亿元的债务，一年前这还是巨款。但你知道吗，前两天，一家远在东南亚某个小岛的创业公司，刚刚完成一笔 20 亿美元的融资，主要投资方之一是中国的滴滴出行。4 年前滴滴出行的估值为 1 亿美元

---

① 2017 年 7 月 26 日晚，"接招"微信公众号发表了《人民想念周鸿祎》一文，瞬间刷爆微信朋友圈。不到一周，本文全网阅读量就突破千万，并很快形成了"人民想念 XXX"文体，模仿者众多。在本文刊发后的第二天，周鸿祎做了回应——《致想念我的人民》，同样刷屏。其实这两篇文章里的"人民"，不是指政治学意义上的人民，而是指中国互联网千千万万的从业者。在这里，周鸿祎也不仅仅是奇虎 360 的创始人，更是敢于冲破巨头垄断、实现逆袭的一种精神符号。本质上，他代表了一种"进化精神"。——作者注

的时候，奇虎360的市值正在逼近100亿美元。

听说你过去两年主要忙着做2B（对企业）的业务，客户积累了上百万家，其中不乏大公司、军队、公安等核心客户。习惯了你"开炮"时的音容笑貌，真的无法想象你西装革履的样子。对了，西装里还会套上那件长袖红POLO（服饰品牌）衫吗？

言归正传。你不在（擂）台上这两年，中国互联网江湖完成了一次"大洗牌"。腾讯和阿里巴巴的市值先后突破了3 000亿美元，百度还停留在600亿美元，BAT变成了AT。你当年最想打败的Robin李（李彦宏），自己掉队了。不知你是该高兴，还是该失落。奇虎360的搜索业务还好吗？

A和T膝下"儿孙满堂"，只要是"独角兽"，基本都选择了这两者之一进行站队。当年你在的时候，投资人都问创业者："如果BAT也做怎么办？"你不在的时候，投资人都问自己："AT不投怎么办？"以前是创业者to VC模式，现在是VC to AT模式。

创业阶层固化，投资模式利益集团化。寒门难出贵子，大家都在看AT的脸色吃饭，没想到连王兴这种浓眉大眼的家伙都不得不站队。中国创投圈再没有你这样仗义执言的人了。

但是，局面发展到今天这种地步，你也有一定的责任。2010年"3Q大战"之后，你在很长一段时间内都被当成了英雄。不是因为你借助"3Q大战"带领奇虎360上市了，而是你被看成了一根敦促巨头开始彻底反思自己，进而用更开放的姿态参与中国互联网建设的导火索。你燃烧了自己、照亮了别人，同时，你自己也没被巨头打败，皆大欢喜。真的是这样吗？

你没有想到的是，"买买买"是女人的兴奋点，也是巨头的兴奋点。从 2011 年开始，无论是上市的公司，还是没上市的公司，几乎每个有流量的"山头"都被插上了巨头的旗帜。然后是在每一个不管真假的风口，巨头都会提前入场，兴致勃勃。

你当年脚踢百度、拳打腾讯、鄙视阿里巴巴，顺手搅一搅雷军的局，反抗压迫的革命理想也是广大"吃瓜群众"的心声。现在没有"吃瓜群众"了，你敢上台跟巨头单挑，举牌小姐就敢用牌子直接"砸"你。

还记得你们的"2005 年黄金一代"吗？奇虎 360、YY、58 同城、汽车之家、去哪儿网、9158（视频社区）、土豆网、豆瓣、人人网……你们诞生的那一年，BAT 中只有两家刚刚上市的公司，中国互联网没有巨头，不存在 BAT，更没有"风口"与"独角兽"一说。大家都是草莽英雄，彼此不问出身，不讲血统，想做什么就做什么，想说什么就说什么，那是中国互联网的"80 年代"。

后来就算大家上市了，创业者看谁不服也敢怼。你也好，李国庆也好，给新浪微博带来多少流量？而自从拿了巨头投资，刘强东就背叛了他的那个"阶级"，不爱说话了，只顾"老婆孩子热炕头"了。王兴偶尔敢说两句，已经算是英雄人物了。程维说一句话要考虑左右两边的感受，张一鸣说句话要考虑上层的感受。

雷军干脆只做不说。

大家都在"闷声发大财",剧本从天使轮就被写好了:这是通向 A 的大道,这是通向 T 的大道。二选一,你熟悉得很。

2013 年没能从腾讯手中抢下搜狗,对你和奇虎 360 是一个转折点。大家都知道,你对搜狗是真爱,而不像你在别的标的上的态度,纯粹是敲竹杠。你看,你敲 91 助手的竹杠,百度买单了;你敲 UC 的竹杠,阿里巴巴买单了;当你真想为搜狗买单的时候,腾讯敲了你的竹杠。给奇虎 360 贡献最多利润的搜索业务,从此过上了前有百度、后有腾讯夹击的生活。你开化了腾讯,而腾讯教育了你。

最近几年,中国的企业家、有钱人都拼命往外国跑,你却一心跑回国内。因为你知道,孙猴子再牛,也跳不出如来的手掌心。所以你也学会了"闷声发大财",但这不是人民想要看的那个周鸿祎。

共享单车你不搅和,可以搅和新零售啊,看不上新零售可以玩无人驾驶啊,无人驾驶背后还有人工智能。实在不行出海啊!出海没两年,傅盛都成创业导师了,我觉得你资格比他老。如果去"得到"(得到 App)开讲,你一定不亚于李笑来。

这不是开玩笑。中国互联网不需要死水微澜、铁板一块,而需要你这样的挑战者。看看中国的房地产江湖,王石退了、王健林卖了、郭广昌隐了,潘石屹只能混在望京了,但是还有孙宏斌。

中国互联网不能没有周鸿祎。不要整天跟一帮"网红"做直播，首先你没有 Robin 李帅，其次你的粉丝也不看直播。他们喜欢听你讲产品、讲创新，实在不行讲讲音箱也可以，大家都知道你是"老炮儿"。也不要整天跟那些老板、领导在一起，要走进群众、走进用户，你天生就是2C（对消费者）的人设，而不是2B的人设。

好了，不多说了，再说你会认为我写这么多就是为了调侃你。真不是。我只是觉得中国互联网过去两年越来越无趣了，好的创业者最后都被环境塑造成了风口上的"骗子"。没人说真话，没人敢说真话，不怀念你还能怀念谁？

听说你最喜欢的一本书是《娱乐至死》，这种书在我国的各大机场、高铁车站是看不到了，那里全是关于"共享经济""人工智能""新零售"的速效成功学，连马云的"鸡汤"都不好卖了。哪有娱乐，全是浮躁。

周总　安好

Tips

周鸿祎：致想念我的人民

一夜之间，互联网上大家都在想念我，弄得我好像怎么了似的。如果不出来回复一下，好像我就真的怎么了。

其实我知道，大家也不是想念我，是想念讲真话的人，想念挑战者，想念互联网的炮火声。

虽然最近几年的互联网有些无趣，但大家要有耐心。

如果把互联网行业的发展与竞争比作马拉松，我觉得这不是一场马拉松，而是很多场。

互联网创业者作为一个马拉松选手，在其中不应该只看到现在这几场比赛，就觉得格局已定，阶层已经固化。的确，会有些选手有优势，但格局总是会被打破的，一定会不断出现新人来打破原有的平衡与局面。

创业阶层固化只是短期现象。从长远来看，任何阶层都会被打破。记得 2016 年下半年乌镇互联网大会之后，不就有人说互联网的下半场是 TMD 吗？没有人能知道 20 年后会不会真的是 TMD 的时代，会不会有新的"独角兽"，或者"孙猴子"冒出来。

从另一个角度看，巨头们更加开放，踩风口、插旗子，就是在担心自己被颠覆，担心自己的格局被打破。这说明，没有谁是不可能被颠覆的，大家都有软肋。

创业者们不需要担心的是，站队也好，插旗子也好，都阻止不了格局被打破。互联网发展中真正能够阻止格局被打破，或者能够打破格局的，应该是创新。

任何公司，无论是创业公司还是巨头企业，要打破格局、守住格局，就要有创新新力，要建立自己的核心竞争力。否则，不管是 to VC 还是 to AT，都是错的。开始创业就奔着 to AT 去，那结果是，即使被插了旗子，肯定也不会得到用户的认可。

过去几年中，风口一个又一个，不管是 O2O 里的补贴大战，还是满街投放的共享单车，我的确很少出现在其中。我没有建立什么帝国的心，我一直保有创业者的心态，聚焦自己的方向，建立自己的核心竞争力。所以，我不会什么都插一脚，有些方向我也看不好。

奇虎 360 目前的战略是聚焦安全，安全是奇虎 360 安身立命之本，不吹不擂，我们也已经取得了领先地位。不说远的，就说今年（2017 年）5 月的"勒索病毒"事件，我们几乎是提前一个月全球首发了对 NSA（美国国家安全局）网络武器"永恒之蓝"的技术分析，也是全球首家推出 NSA 武器库免疫工具的公司。"勒索病毒"爆发当天，我们也是首家发布了预警的公司。

可能在大家看起来这件事很简单，但这一系列动作背后是我们多年积累的网络安全原创核心技术，是我们东半球最强大的"白帽子军团"技术实力的成果。而这个事情，是需要沉下心来做的，不是在外面"吹"出来的。

　　我过去几年也一直在说，现在有些创业者比较浮躁，不能沉下心做事，一心只追求估值，甚至为了被收购而创业。我也不能光说不做，所以过去几年，我去踩了些"坑"，也沉下心来做了些事情。如果大家想听我讲，不管是讲产品还是讲创新，我觉得也还是有些东西可以和大家讲讲的。

　　但我不希望创业者变成"跑会"的创业者，创业不是"跑会"去听导师讲"鸡汤"就能成功的。如果创业过程中有问题，创业者应该找到能真正深入交流的机会去沟通。去年（2016年），我和一些创业者有过小规模的闭门交流，我觉得效果很好，至少对我来说，是一个互相学习的过程。

　　公开场合我也会讲，但实际上，这个时代不缺讲话的人，缺讲真话的人。但真话比较刺激人，估计我讲多了，也会有人不爱听。

周鸿祎

2017 年 7 月

结　语

接力赛：进化 40 年

2018 年 5 月，网上传出朝鲜将要实施改革开放的消息，有网友开玩笑说：想想 1998 年的中国，现在可以去朝鲜做三家互联网公司，分别是社交、电商和搜索，另外再"屯"一些房子。

中国当今的互联网巨头（比如 BAT）集中诞生于 1998 年前后，而这一年中央正式出台文件：结束福利分房，实行住房分配货币化、供给商品化。此后 20 年，中国产生富豪最多的两个领域正是互联网和房地产。

2018 年正好是中国改革开放 40 周年。衡量这 40 年的一个关键维度，无疑就是整个国家的财富创造过程。1978 年，中国人均 GDP 是 356 元；1998 年达到了 6 960 元；2017 年突破 8 000 美元。40 年来，以 2018 年 10 月的汇率来看，人均 GDP 增长了近 150 倍。

20 世纪 80 年代初，当时还是《农民日报》的年轻记者、日后成为赫赫有名的"改革四君子"的翁永曦，去给时任中央农村政策研究室主任的杜润生送一份文件。杜润生问翁永曦对农村改革怎么看。翁永曦说："农村改革要给农民看得见的好处。"一个星期之后，《农民日报》社接到了一份调令，调翁永曦到中央农村政策研究室工作。

看得见的好处，用今天的话说其实就是"吃饱肚子有钱赚"。20 世纪 80 年代，一位来自安徽的草根创业者曾一度震惊朝野，这就是年广久和他创立的"傻子瓜子"。

在 20 世纪 80 年代初期，年广久通过雇用十几位工人炒瓜子、卖瓜子，赚了 100 万元。有人拿出"本本"："按照马克思的说法，雇用 7 个人以内属于个体户，超过 8 个人就算资本家了，所以年广久应该抓起来。"史称"七上八下"。

横跨 10 年（1982—1992）的《邓小平文选》（第三卷）里两次提到了"傻子瓜子"："当时许多人不服，要动他。我说不能动，一动就会有人说政策变了，得不偿失。"

"傻子瓜子"诞生于"万元户"是财富"新贵"的 80 年代初期。当时的 100 万元，不亚于如今很多 IPO"新贵"的财富值。为什么不能动他？因为中国改革开放的一个核心激励机制就是"允许一部分人、一部分地区先富起来，然后再带动和帮助落后人群、落后地区实现共同富裕"。

在先富这个问题上，朝野最终达成了共识。

始于 1984

英雄不问出身，是那个时代创业、创富大潮的主旋律。1984 年，三位日后在中国商界叱咤风云的大人物一同下海：柳传志在中科院计算机所的帮助下，创立联想的前身——北京计算机新技术发展公司；张瑞敏出任海尔的前身青岛电冰箱总厂厂长；身为深圳经济特区发展公司员工的王石，组建万科的前身——现代科教仪器展销中心。

在一个没有天使投资，没有 VC 助力，没有政府专项扶持资金的年代里，中国改革开放的第一代创业者正式走上历史舞台。他们不仅要突破自己的局限性，还要绕开时代的局限性，并在这个过程中勾画方圆、建立规矩。他们借助的是传统体制里的"松土"，收获的是市场经济里的"混凝土"。

在某种程度上，中国是先有代表共同股东的职业经理人群体，而后才有创业者群体的。但没有改革开放这个最大的时代背景，一切都无从谈起。

联想成立第一年，柳传志摆地摊，卖电子表和旱冰鞋，没想到创业跟做"贼"似的。此时改革开放已经 6 年了，不缺宏大叙事，缺的是掷地有声的政策。这年秋天，十二届三中全会通过了《中共中央关于经济体制改革的决定》，才算从顶层设计上承认了"摆地摊也是商品经济"。

这份文件出台两天之后，邓小平在中共中央顾问委员会第三次全体会议上说："不要怕，得益处的大头是国家，是人民，不会是资本主义。"

1987 年"春晚"，费翔凭借《冬天里的一把火》红遍大江南北；与此同时，中国经济迎来了改革开放之后的第一个下行周期，通货膨胀，物价高涨……

但这几年的一个意外收获是，日后"创投圈"一大批呼风唤雨的人物，都进入了自己人生的"IPO 辅导期"：李彦宏和雷军在 1987 年进入大学，马化腾和周鸿祎在 1988 年同时入学，马云在这一年当上了老师，丁磊则在 1989 年进入大学……

与此同时，任正非在 1987 年集资 2.1 万元创立华为公司。那个年代的集资就是当代的股权众筹。万科则在 1988 年推出中国大陆第一份《招股通函》，发行股票 2 800 万股，集资 2 800 万元。多年以后，中国这两家标杆性企业的所有的成功和争议，几乎都源自这两笔融资。

当年少的雷军还在中国的一个内陆城市读着一本名为《硅谷之火》的书时，该书的主人公已经开始了第二次伟大创业；而当文艺青年徐小平还在北美的某所大学一边读书一边打工的时候，一个叫迈克·马库拉的天使投资人通过对苹果公司投资的 9 万美元已经获得了超过 2 000 倍、价值超 2 亿美元的回报！几乎后来所有的茁壮成长，都源于最初的野蛮生长。

但正如"硅谷风投教父"、红杉资本的创始人唐·瓦伦坦所说："1959 年我刚到硅谷的时候，没有什么是革命性的，全是进化。"从 20 世纪 80 年代末到 90 年代初，中国的创业市场也没有革命，全是进化——在曲折中进化。

疯狂的 90 年代

在 20 世纪 90 年代最初的两年里，中国经济处于艰难地内部挖潜的特殊阶段。那时深圳还没有完全"起飞"，拉动内需的重任，意外地落到了海南身上。中国最大的经济特区应声落地。

1989 年，海南的房地产投资额仅为 3.2 亿元，而从 1990 到 1993 年，其房地产投资额比上年分别增长 143%、123%、225%、62%，最高年投资额达 93 亿元。

有人建房、没人买房是那几年海南最大的特色。潘石屹后来回忆说：1990 年，大部分下海南的人都回了内地，我一直在那里坚持，后来，我们几个朋友在一起成立了"万通"的前身"农高投"——海南农业高科技投资联合开发总公司。

1992 年是中国改革开放历史上不亚于 1978 年的一年。

这一年，当珞珈山青年雷军即将第一次创业失败的时候，邓小平在年初来到了武汉。继续南下之前，他撂下几句狠话："不坚持社会主义，不改革开放，不发展经济，不改善人民生活，只能是死路一条。"

25 年后，雷军向武汉的母校捐款 99 999 999 元，差 1 元就到 1 个亿。之所以少 1 元，是因为他的师兄陈东升曾向武大捐款 1.2 亿。不过亿，是雷军向师兄致敬；少 1 元，是雷军提醒马化腾哪怕为了 1 元，也要打官司。

雷军于 1992 年北上加入金山软件公司，此时的师兄陈东升正在国务院做研究。

1992 年，国家经济体制改革委员会出台了两个条例：《股份公司暂行条例》和《有限责任公司暂行条例》。国务院发展研究中心研究员陈东升看到这两个条例异常兴奋，认为它们"是中国企业发生真正变革的转折点"。财经作家吴晓波在《激荡三十年》一书中透露，当年全中国至少有 10 万党政干部"下海"经商。"十亿人民九亿商。"正源于此。

1993 年，海南农业高科技投资联合开发总公司正式更名为万通有限责任公司，这次变更的核心点是：确立了有限责任公司的法人主体。中国如今所有的巨头公司、创业公司，几乎都是按照这个模式注册公司的。"万通六君子"的实践意义，在于开辟了"江湖方式进入，商人方式退出"

的先河。

但两个条例的诞生，只是解决了养鸡场的"围栏"问题，并没有解决"谁下蛋、谁孵鸡"的问题。那是一个不缺创业者但缺启动资金的问题。让一部分人、一部分地区先富起来的政策环境越来越好了，但这部分人靠什么先富，还要打上一个大大的问号。

即使像 IDG 资本这种最早进入中国的 VC，最初的两只资金也不得不与国有企业合资运营（上海市科学技术委员会和广东银行），就连创业者都认为 IDG 是骗子公司。IDG 足足等了 8 年才真正从 VC 行业赚得"第一桶金"（2001 年 MIH 入股腾讯，IDG 撤资"套现"，成就了中国 VC 史上最大的"错过"）。

孙宏斌于 1994 年创业时，50 万元的启动资金是来自把他亲自送进监狱的柳传志。这一年，王健林的大连万达足球俱乐部一举夺得中国第一届足球职业联赛的冠军（甲 A）。而此时的贾跃亭，正在山西垣曲县地方税务局担任网络技术管理员，业余时间研究"生态化反"。20 多年后，孙宏斌先后与王健林、贾跃亭成为百亿生意伙伴。

1995 年，正在杭州街头做地推的孙彤宇认识了能言善辩的马云，从此一路追随马云：从杭州到北京，再到杭州。2003—2008 年，孙彤宇一手打造了中国最大的 C2C 平台——淘宝，然后迅速退隐江湖。后来有媒体这样形容离开阿里巴巴后的孙彤宇：一直在折腾，但不温不火。

在孙彤宇和马云认识的 1995 年，一个在杭州度过了 4 年大学时光、毕业后选择南下的年轻人刚刚开始创业：他在东莞创立了一家公司，后来的小霸王、步步高、OPPO、vivo 等品牌持续 20 多年风行中国。他就是段永平。

1995 年，孙彤宇和段永平没有任何交集，但 20 年后的 2015 年，他们俩共同投资了一家叫拼多多的社交电商，这家公司被认为是另一个淘宝。

《中国合伙人》的两位原型——徐小平和王强于 1996 年回国加盟新东方。这一年，另外一位在美国拿了 22 万美元的风险投资的留学生也选择回国创业，他就是张朝阳。1999 年，李彦宏和陈一舟先后回国，分别创立了百度和 ChinaRen；同年，"海归"沈南鹏与梁建章等人创立了携程。

1999 年，马化腾、马云、丁磊先后登上历史舞台。

以互联网为代表的中国新经济中的最初的人才、资本，乃至产品、模式、故事，几乎都打上了美国烙印。但所有这一切，都离不开一幅辽阔而丰盈的社会图景：经过 20 年的改革开放，中国成了世界上最大的市场和最大的梦想舞台。

这个梦想舞台是靠什么搭建起来的呢？契约精神。从新东方"三驾马车"到腾讯"五虎"，再到阿里巴巴"十八罗汉"，一种新型的社会资源组织方式在遥远的东方诞生了，它为处于改革开放进程中的中国提供了来自民间的正能量，解决就业、上缴税收、树立榜样、凝聚共识……

吃鸡，下蛋

1998 年之前的 20 年，对于后面 20 年中国互联网的发展的最大意义，就在于完成了"先富"的培养阶段。无论是充满理想的 80 年代，还是热火朝天的 90 年代，使命只有一个：从更广泛的社会层面搞定"第一桶金"。这桶金不是属于某个人的，而是属于整个社会的，它既意味着资本的原始积累，又意味着人才的原始积累。

腾讯早期的投资人（刘晓松、李泽楷）的钱，用今天的眼光看叫 old money（老钱），但放在当时，绝对是 new money（新钱）。

马云、沈南鹏创业的启动资金，则是来自自己的第一桶金，在含金量上，不亚于年广久的第一桶金，因为它具有增值效应。这不叫钱，叫创业资本。

金山软件的第一笔融资，来自联想；雷军在电商领域的第一次试水——卓越网的投资方同样是联想。20 世纪 80 年代种下的种子，已经开始培育新的种子了。

雷军早期的天使投资项目，如 YY、凡客、拉卡拉等，这些钱几乎都是通过把卓越网卖给亚马逊所得的。在真格基金成立之前，徐小平已经用自己的钱投资了 80 多家公司，这些钱全部来自新东方上市的红利。

1997—2001 年，这 4 年很像 20 世纪 80 年代末到 90 年代初的那几年：中国互联网的第二梯队成员，如王小川、傅盛、王兴、陈欧、程维、张一鸣等人，都是在此时陆续进入大学，他们是中国互联网创业者的"团派"。

这些人都与第一代互联网公司有过交集。王小川没毕业就进了搜狐；傅盛"北漂"的第一站是奇虎 360；程维在创业之前一直在阿里巴巴工作；陈欧把第一家公司卖给了腾讯；张一鸣大学毕业后一度进入微软工作；王兴虽然没在第一代互联网公司工作过，但他却被第一代互联网公司多次"绞杀"过，"斗争"经验极为丰富。

不管怎么说，没有第一代互联网公司打下的行业基础，就不可能有后面这么多年跌宕起伏、精彩纷呈的故事——这是"先富"和"后富"的故事。

到 2007 年，以阿里巴巴网络和金山软件在香港上市为标志，中国知名科技公司都完成了资本运作的闭环，其他诸如携程、盛大、新东方等公司也在此之前先后登陆资本市场。这意味着什么呢？财富"新贵"。

很多年前有一个真实的故事：一位一直视期权为白纸的普通程序员，在公司上市当天回到自己的出租屋，喝了一瓶啤酒之后怒砸面前的电视机，只为了确认那种一夜暴富的真实感。

2017 年，湖畔大学被"黑"成"互联网时代的东林党"，柳传志第一个站出来为马云鸣不平。有人说，没有马云就没有阿里巴巴，没有阿里巴巴就没有中国电商。这种说法虽然略显夸张，但只要看看阿里系给中国互联网贡献了多少天使投资人、多少"独角兽"公司，就会明白财富"新贵"的不断涌现对整个中国社会是一件好事。交班，本来就是互联网发展的题中之义。

徐小平（新东方）、曾李青（腾讯）、雷军（金山）、王刚（阿里巴巴），几乎都经历了从 20 世纪 90 年代到 21 世纪的财富创造过程，在实现"先富"之后，他们把经验和财富投注到了中国新一代创业者身上。几十年前邓小平倡导的"先富帮后富"的理念，竟然在互联网时代得到了一个意外的收获。

人们都说，过去这些年中国的社会阶层在不断固化，其实正是有了互联网公司的这种"传帮带"的造富机制，才让整个社会的上升通道没那么窄、那么难。从某种程度上说，这是另外一种意义上的"精准扶贫"。

1984 年国庆大阅兵，当北大学生打出"小平您好"的横幅时，还在北大校团委当老师的徐小平立即组织学生连夜撰写长篇稿件，深情讲述这 4 个字背后的故事，并刊载到第二天的《人民日报》头版上。

那一年，张一鸣和程维刚刚 1 岁，王兴也只有 5 岁。对于这 3 个生长在武夷山脉的孩子来说，"吃鸡"就是吃鸡，"下蛋"就是下蛋。